KB092427

더 나은 세상을 위한

최장현 지음

H3 한빛미디어
Hanbit Media, Inc.

지은이 **최장현** xenologue.net

"IT와 온라인으로 더 나은 세상을 만들 수 있다고 믿습니다."
디지털 기획자로는 드물게 영리와 비영리 모두를 경험한 1.5세대 디지털 기획자입니다. 디지털이 가진 '공유와 확산'의 사회적
잠재력에 주목하며, 디지털을 통해 사회의 다양한 문제를 해결하는 디지털사회혁신(digital social innovation)의 사례 연구와
프로젝트 참여에 힘쓰고 있습니다. 디지털 플랫폼과 기술, 미디어, 디자인, 캠페인 등 분야를 가리지 않고 다양한 IT 정보를
습득하길 즐기며, 디지털의 가치를 구현하고 실행하는 메이커(Maker)이기도 합니다.

더 나은 세상을 위한 **소프트 디지털**

초판 1쇄 발행 2019년 3월 20일

지은이 최장현 / **펴낸이** 김태헌
펴낸곳 한빛미디어(주) / **주소** 서울시 서대문구 연희로2길 62 한빛미디어(주) IT출판사업부
전화 02-325-5544 / **팩스** 02-336-7124
등록 1999년 6월 24일 제25100-2017-000058호 / **ISBN** 979-11-6224-914-7 93000 / **정가** 16,000원

총괄 전태호 / **기획·편집** 조수현 / **교정** 이상복
디자인 표지·내지 김연정 조판 이경숙
영업 김형진, 김진불, 조유미 / **마케팅** 송경석, 김나예, 이행은 / **제작** 박성우, 김정우

이 책에 대한 의견이나 오탈자 및 잘못된 내용에 대한 수정 정보는 한빛미디어(주)의 홈페이지나 아래 이메일로 알려주십시오.
잘못된 책은 구입하신 서점에서 교환해드립니다. 책값은 뒤표지에 표시되어 있습니다.
한빛미디어 홈페이지 www.hanbit.co.kr / **이메일** ask@hanbit.co.kr

Published by Hanbit Media, Inc. Printed in Korea
Copyright ⓒ 2019 최장현 & Hanbit Media, Inc.
이 책의 저작권은 최장현과 한빛미디어(주)에 있습니다.
저작권법에 의해 보호를 받는 저작물이므로 무단 복제 및 무단 전재를 금합니다.

지금 하지 않으면 할 수 없는 일이 있습니다.
책으로 펴내고 싶은 아이디어나 원고를 메일(writer@hanbit.co.kr)로 보내주세요.
한빛미디어(주)는 여러분의 소중한 경험과 지식을 기다리고 있습니다.

더 나은 세상을 위한

소프트 디지털

최장현 지음

사람과 사회를 위한 디지털의 따뜻한 역할을 찾다

한빛미디어
Hanbit Media, Inc.

감사의 말

나의 가족에게,

디지털 사회 변화를 꿈꾸는 지인들과

모든 사회활동가에게

이 책을 바칩니다.

추천사

더 나은 세상을 만드는 아름다운 해법, '소프트 디지털'

> *"소비 지향적이고 비인간적인 차가운(HARD) 디지털이 아닌, 인간과 사회를 위한 더 나은 세상을 만드는 '소프트(SOFT)'한 디지털"*

저자는 '소프트 디지털'에 대해 이렇게 정의 내렸습니다. 더 나은 세상을 위해 함께 참여하고 나누며, 누구에게나 기회를 제공하고 사람들의 생활을 편리하게 하며, 디지털 문화를 형성하는 것이 소프트 디지털의 모습이라고 할 수 있습니다. 저성장의 시대, 불황의 시대, 과도기의 시대를 살고 있는 우리에게 꼭 필요한, 디지털을 바라보는 정말 멋있는 시선이라고 생각했습니다.

우리는 지금, 4차 산업혁명이라는 큰 흐름과 마주하고 있습니다. IoT, 빅데이터, 로보틱스 등 새로운 산업이 일어나고 있고, 시민의 삶은 빠른 속도로 변화하고 있습니다. 새로운 산업, 디지털은 시민의 삶을 빠르게 변화시키지만, 동시에 불평등과 불균형이 빠르게 퍼져 갑니다.

기술을 통해 시민의 삶이 편리해지는 것은 중요한 일입니다. 그러나 그보다 더 중요한 일은 그 편리가 더 많은 시민들에게 나누어 돌아가는 것입니다. 어떠한 경우에도 사람이 중심이고 사람이 먼저입니다. 4차 산업혁명의 성패는 그 가치에 달려 있습니다. 협력과 공유가 4차 산업혁명 시대의 과정이어야 합니다.

영리와 비영리를 넘나들며 디지털의 '공유와 확산'을 고민하고 다양한 분야에 그 생각을 펼쳐왔던 저자는 IT와 온라인으로 더 나은 세상을 만들 수 있다고 단언합니다. 그 생각이 아름답습니다. 저자의 그 아름다운 생각이 담긴 이 책은 누구나 재밌고 쉽게 이해할 수 있도록 '기회격차 해소', '정보 공개와 공유', '시민 참여와 협업', '나눔과 기부', '디지털 시티' 등 다섯 가지 주제의 대표적인 디지털사회혁신 사례를 소개하고 있습니다. 다양한 분야에서 디지털의 공유와 협업을 통한 사회혁신에 대해 치열하게 고민하고 실행해온 저자의 경험과 생각을 보고 듣는 것만으로도 4차 산업혁명이 우리에게 남긴 어려운 문제를 담담히 해결해나갈 수 있을 것이라는 용기가 생깁니다.

많은 분들이 이 책을 통해 '소프트 디지털'의 모습을 경험함으로써, 4차 산업혁명이 우리에게 남긴 도전과제를 공유와 협치로 풀어나가는 아름다운 해법을 함께 얻으시길 바랍니다.

박원순 서울시장

SOFT 디지털

2005년 CC Korea(Creative Commons Korea) 운동을 시작하여 현재 사단법인 코드(C.O.D.E.)에 이르는 14여 년의 기간 동안 계속 커먼즈(Commons)를 이야기해 왔던 나로서는 '사람과 사회를 위한 디지털 기술'은 단순한 수사나 비유에만 그치지는 않는다.

저작권 침해와 콘텐츠 산업의 파괴의 원흉으로 지적된 인터넷 기술은 세상 모든 지식에 대한 접근과 문화의 다양성을 가져올 수 있는 인프라가 될 수 있다고 확신했고 한 고등학생이 자치단체의 교통정보 사이트의 데이터를 무단으로 파싱해서 서울버스라는 앱을 만들어 논란이 되었을 때에도 그것이야말로 디지털 혁신이 어떻게 이루어지는지 잘 보여주는 상징적인 사례라고 생각했다.

정보 3.0이라는 정부의 공공데이터 개방 정책이 산업을 강조하면서 공개된 데이터의 양과 만들어진 앱, 서비스의 개수에 집착할 때에도 진정 중요한 것은 데이터의 개방이 정부의 투명성과 시민의 적극적 참여에 얼마나 기여하였는지에 있고, 공유경제(sharing economy)라는 개념이 등장하고 우버나 에어비앤비와 같은 거대한 플랫폼 기업이 진정한 '공유'경제인지에 논쟁이 집중되었을 때에도 '공유'인지 아닌지가 중요한 것이 아니라 그러한 비즈니스 모델이 사람과 사람의 연결과 참여를 통해 효율뿐만 아니라 새로운 가치를 만들어내는지가 중요한 것이라고 주장했다.

이 세상을 진정 변화시키는 디지털 기술의 혁신성은 첨단의 화려함이나 산업적 파괴력에 있는 것이 아니라, 이전에는 막연하게 생각했던 연결 및 관계, 참여, 다양성, 투명성, 민주주의 등 사회를 위한 궁극적인 가치들을 구체적으로 실현시킬 수 있는 데 있다고 믿었기 때문이다.

이 책의 제목인 소프트 디지털(SOFT DIGITAL)은 그동안 내가 추구해왔던 디지털의 바로 그 모습이다. 사실 디지털은 더는 새로운 이야기가 아니다. 아날로그와 디지털을 구분하는 것 자체가 별 의미가 없고 특별히 인식하지 못하더라도 이미 우리의 삶 전반은 디지털 기술이 기반이 되어가고 있다. 요즘 들어 부쩍 언급되는 인공지능에 대한 기대감과 두려움은 오히려 디지털 기술에 압도되어버리는 우리의 처지를 잘 보여준다.

이러한 상황에서 이 책이 이야기하는 소프트 디지털에 대한 담론은 아주 중요한 의미를 갖는다. 너무나 빠른 속도와 복잡성 때문에 디지털 기술이 우리의 삶에 어떠한 영향을 미치고 있는지 파악조차 하기 힘든 상황에서 빠른 호흡을 잠시 가다듬고 차분하게 우리의 주위를 둘러봐야 할 때가 바로 지금이기 때문이다. 이 책은 첨단기술의 화려함이나 산업적 성과에 대한 찬사가 아니라 우리에게 진정 필요한 디지털 기술이 무엇이고 그것이 어떻게 사람과 사회를 바꿨는지를 친절하게 알려준다. 프롤로그에서 언급하였듯이 단지 이론과 말뿐이 아닌, 사회문제 해결과 사회 변화를 위한 디지털의 실제 활용사례들을 알아봄으로써 더 나은 세상을 위한 디지털의 활용방법을 구체적으로 제시하고 있다.

그동안 같은 고민을 해왔던 나 같은 사람뿐만 아니라 디지털 기술에 대한 이러한 접근에 익숙하지 않은 독자들에게도 이 책은 소중한 레퍼런스이자 안내서이다. '기회격차 해소', '정보의 공유와 공개', '시민 참여와 협업', '나눔과 기부', '디지털 시티와 디지털 세상'의 5가지 범주로 나누어 다양한 사례들을 일목요연하게 정리해줌으로써 그동안 다양하게 전개되었던 따뜻한 디지털 기술의 구현을 한눈에 보여준다. 전 세계에서 얼마나 많은 창의적인 혁신가들이 디지털 기술을 이용하여 이 세상을 바꾸려고 노력해왔는지 속속들이 알려준다. 사례마다 관련 링크나 동영상 등 자료 등을 깔끔하게 정리하여 추가 정보를 얻을 수 있도록 배려하고 있는데, 특히 책 발간 후에는 페이스북을 통해 업데이트를 계속한다고 하니 반가울 따름이다.

몇 년 전부터 한겨레 신문사가 주관하는 HTA(Human Technology Award)의 심사위원장을 맡아 기술의 발전 속에서 간과하기 쉬운 이용자에 대한 배려나 사람과 사회를 위한 디지털 기술의 유용성을 실현하는 기술을 선정해오고 있다. 물론 국내에서도 다양한 시도들이 이어지고 있고 심사과정에서 그동안 잘 알지 못했던 숨겨진 프로젝트들을 발견하면서 놀라움을 느끼기도 한다. 하지만 저자가 아쉬워했던 것처럼 다른 나라에 비해 대중을 참여시키고 이슈를 선도해나가는 시도들이 턱없이 부족함을 부인할 수 없다. 그나마 있는 사례들도 좋은 결과로 이어지지 못하고 시도 자체에 그치는 경우가 많음을 HTA를 심사하면서도 똑같이 느낀다.

이 책이 우리에게 전하고자 하는 메시지는 바로 이러한 문제의식에서 출발하고 있는 것으로 이해된다. 디지털을 경제발전의 새로운 도구로만 보고 디지털을 인간과 사회를 위한 더 나은 세상을 위한 도구로는 생각하지 못하는 안타까운 현실에 대한 지적뿐만 아니라 사회적 인식의 부족이나 자원의 한계로 더 나아가지 못하는 잠재적 혁신가들에게 용기를 주고 이를 뒷받침할 수 있는 사회적 지원을 끌어내는 데 기여하기 위함일 것이다.

오랫동안 기업과 미디어, 비영리재단 등에서 디지털 사회혁신을 연구해오면서 얻은 경험과 함께, 같이 참여하기도 했던 서울디지털재단의 기획을 하면서 얻었던 저자의 통찰이 이 책을 통해 독자들에게 잘 전달되었으면 하는 바램이다. 사람과 사회를 위한 디지털 기술을 실현하는 창의적이고 용기 있는 새로운 혁신가들의 등장을 기다리면서 소프트 디지털을 위한 저자의 또 다른 여정도 함께 기대해본다.

윤종수 변호사(이사장, 사단법인 코드)

프롤로그

사람과 사회를 위한 또 다른 디지털

2011년 3월, 일본에서 규모 9.0의 대지진이 발생하였습니다. 수많은 건물과 기반 시설 대부분이 파괴되었고 통신망 시설까지 파괴되었습니다. 그래서 사람들은 서로의 안부를 확인하지 못하여 더욱 큰 혼란을 겪었습니다. 하지만 인터넷 기반의 모바일 메신저는 다행히 정상적으로 서비스되어 소셜미디어와 모바일 메신저로 지인들의 안부를 확인하고 지진 피해 소식을 접할 수 있었습니다. 대지진이라는 재난 상황에서 커뮤니케이션 수단으로 큰 활약을 한 모바일 메신저는 이후 전 세계적으로 주목을 받게 되었습니다.

2003년 이라크 전쟁이 발발했을 당시, 이라크 현지의 한 청년은 '살람팍스(Salam Pax)'라는 필명으로 자신의 블로그에 이라크 전쟁을 생생하게 중계하였습니다.▲ 블로그를 통해 전해지는 이라크 전쟁 중계는 공중파 방송인 CNN의 보도력을 능가할 만큼 생생하고 신속하였습니다. 또한 그의 블로그를 통해 이라크 전쟁의 참혹성이 전 세계에 알려짐으로써 '반전운동'의 시발점이 되기도 하였습니다. 블로그라는 인터넷 기반의 새로운 서비스가 대중에게 전쟁의 정보를 신속하게 전달하는 매체가 된 것입니다.

▲ '라에드는 어디에 있나', www.dear_raed.blogspot.com

2015년 10월, 인도 델리 시의 고질적인 '쓰레기 문제' 해결을 위해 델리 시 정부는 'Swacch Delhi'라는 모바일 앱을 개발하여 배포하였습니다. 델리 시는 매일 1,500톤의 어마어마한 쓰레기가 배출되는 곳이지만, 인도 특유의 복잡한 행정구조로 인해 여러 담당 기관들의 서로 '떠넘기기' 행정으로 쓰레기가 제때 치워지지 못하면서 사회문제가 되고 있었습니다. 델리 시에서 배포한 앱으로 시민들이 방치된 쓰레기를 사진으로 찍어 업로드를 하면 위치정보와 함께 사진이 전송되어 '쓰레기 방치 지도'가 자동으로 만들어지게 됩니다. 시민의 제보로 만들어진 '쓰레기 방치 지도'로 쓰레기 문제가 심각한 지역이 어디인지 명확히 알 수 있게 되어 더는 떠넘기기 행정이 불가능하게 된 것입니다. 오랜 시간 동안 해결되지 못한 사회의 고질적인 문제를 디지털 기술과 시민의 참여로 한, 디지털 행정의 대표적인 사례라고 할 수 있습니다.

0과 1의 조합으로 만들어지는 '디지털'은 누구나 정보를 만들고 이를 쉽게 공유하며, 여럿이 함께 사용할 수 있는 특징을 가지고 있습니다. 이러한 특징은 시간과 공간의 제약을 벗어나 기존의 방식으로는 불가능한 것들을 디지털을 이용하여 가능하게 하였습니다. 앞에서의 사례처럼 자연재해의 위기에서 사람들을 연결하고 방송국을 능가하는 생생한 정보를 개인이 제작하여 널리 퍼트리며, 시민의 참여를 도와 지역사회의 문제들을 해결할 수 있도록 합니다. 또한 낙후된 지역에 의료와 교육을 제공하는 등 인간과 사회를 위해 다양하게 활용될 수 있습니다.

하지만 안타깝게도, 우리는 디지털을 경제발전의 새로운 도구로만 보고 디지털을 인간과 사회를 위한 더 나은 세상을 위한 도구로는 전혀 생각하지 못하고 있습니다. "왜 디지털은 사람과 사회를 위한 더 나은 세상을 위해 제대로 활용되지 못하는 것일까?" 이 책은 저의 이러한 오랜 질문에서 시작되었습니다.

경제와 소비를 위한 '차가운 디지털'

바야흐로 '디지털 시대'가 되었습니다. 최신 기술이 담긴 스마트폰과 더불어 사물인터넷(Internet of Things), O2O(Online to Offline), 3D프린터, 가상현실, 핀테크(FinTech) 등 혁신적인 디지털 기술들이 하루가 멀다고 쏟아지고 있습니다. 디지털 기술과 경제발전으로 세상은 더욱 빠르게 변화하고 있으며, 우리 생활도 편리하고 빠르게 변해가고 있습니다.

그러나 한편으로 디지털은 더 많은 경쟁과 경제발전을 위한 '자본과 소비의 도구'가 되고 있습니다. 고가의 최신 스마트폰과 전자기기가 쉴 새 없이 출시되어 소비자의 지갑을 유혹하고 더 많은 소비를 위해 광고와 마케팅이 디지털 산업에 과도하게 집중되고 있습니다. 업무의 효율성을 높이기 위한 디지털 기술은 퇴근 이후에도 업무를 위한 이메일과 메신저에 시달리게 하고 있습니다. 조직들은 더 시스템화되어가고 사람들은 신체의 한계를 넘어선 과도한 업무량을 요구받고 있습니다.

또한 기업들은 빠른 정보를 확보하기 위해 디지털 인프라에 막대한 비용을 투입하고 있고 때로는 합법적이지 못한 방법으로 타인의 정보를 가로채거나 의도적으로 통제하기도 합니다. 그로 인해 모두가 공유하고 사용해야 할 공공의 정보들까지도 잠겨지고 특정 기업과 단체들에 의해 독점되고 있습니다. 인터넷 통신 환경이 열악한 개발도상국의 경우, 정보 접근의 제약으로 심각한 '정보의 소외'를 가져오게 되었고 이는 정보와 자원의 불균형을 초래하면서 국가·세대 간의 소득 양극화를 이전의 아날로그 시대보다 더욱 심화시키고 있습니다.

모두 함께 참여하고 공유하는 디지털

위키피디아에 정리된 디지털은 다음의 7가지 특징을 가지고 있습니다.▲

- **비파괴성 (항상성)** 세월이 흘러도 변하지 않고 항상 같은 품질을 가진다.
- **변형 가능성** 디지털화되어 있어 별도의 비용 추가 없이 자유롭게 정보의 추가, 삭제, 수정이 가능하다.
- **상호작용성** 정보이용자가 정보제공자가 되는 상호작용이 가능하다.
- **결합성** 다양한 디지털콘텐츠까지 쉽게 결합하여 더 좋은 콘텐츠를 만들 수 있다.
- **재생산성** 한번 생산된 디지털 콘텐츠는 사용자의 요구에 따라 언제든지 무한 반복과 재생산이 가능하다.
- **비소멸성** 디지털 콘텐츠는 한번 생산되면 형태나 품질을 반영구적으로 유지할 수 있어 동시에 수많은 사람이 사용하더라도 디지털 콘텐츠 자체의 감소를 가져오지 않는다.
- **보관의 편리성** 보관 비용이 저렴하고 공간적 낭비가 거의 없다.

이러한 디지털의 특징은 정보를 빠르게 처리하고 고도의 기술발전을 이루며, 생산과 소비를 더욱 촉진하는 등 경제성장에 분명 큰 힘이 되고 있습니다. 하지만 디지털은 사람과 사회를 위해 쓰일 때 진정한 가치가 있습니다. 모두 참여하고 확산하여 함께 누릴 수 있어야 합니다. 디지털을 활용한 참여와 공유로 정보와 기회 격차를 해소함으로써, 우리 사회의 다양한 문제를 해결할 수 있습니다. 지역의 한계를 뛰어넘어 누구에게나 정보와 교육, 그리고 의료혜택을 제공할 수 있으며, 가치 있는 정보들은 언제든지 공유되고 확산될 수 있습니다. 디지털을 통해 그동안 해결하지 못했던 사회의 문제들이 변화되고 해결되어가면서, 우리는 '사회와 사람들이 모두 행복해지는

▲ ko.wikipedia.org/wiki/디지털_콘텐츠

더 나은 세상'을 꿈꿀 수 있게 되었습니다. 그것도 기존의 아날로그 방식의 비해 엄청나게 적은 시간과 저렴한 비용으로 말이지요.

더 나은 세상을 위한 디지털의 모습은 어떠할까?
소프트 디지털의 모습들

이 책에서는 소비 지향적이며 비인간적인, 날카롭고 차가운(HARD) 디지털이 아닌, 인간과 사회를 위한 더 나은 세상을 만드는 '소프트(SOFT)한 디지털'을 말하고자 합니다. 바로, 더 나은 세상을 위해 함께 참여하고 나누며(Social Communication, Share), 기회를 제공하고(Opportunity), 사람들의 생활을 편리하게 하며(Friendly), 디지털문화를 형성(Tangible)하는 '소프트 디지털'의 여러 모습들을 이야기합니다.

이를 위해 인간과 사회를 위한 소프트 디지털의 다섯 가지 방향과 그에 대한 국내외의 사례들을 이야기합니다. 단지 이론과 말뿐이 아닌, 사회문제 해결과 사회 변화를 위한 디지털의 실제 사례들을 알아봄으로써 더 나은 세상을 위한 디지털의 활용법을 구체적으로 고민해보려 합니다. 이 책의에서 언급하는 '디지털'은 하드웨어 혹은 소프트웨어로만 제한하지는 않습니다. 코드와 데이터 조합의 소프트웨어와 하드웨어 기술이 결합된 '온라인과 IT'의 모든 프로젝트를 포괄합니다. 그래서 온라인 서비스, 디지털기기, 그리고 이를 활용한 캠페인 등 디지털의 다양한 모습을 이야기하고 있습니다.

1장에서는 차별 없이 누구에게나 기회가 주어지는 '기회 격차 해소'를 위한 디지털 사례를 이야기합니다. 상대적으로 교육의 기회가 적은 저개발국과 빈민가의 아이들을 위해 컴퓨터와 인터넷을 이용하여 교육의 기회를 주고 있는 수가타박사의 '홀인더월(Hole in the Wall)' 프로젝트, 내전으로 인해 두 팔을 잃은 아이에게 3D프린터

기술로 인공 팔을 저렴하게 제공하여 스스로 다시 활동할 수 있게 기회를 준 '낫임파서블랩(Not Impossible Lab)', 그리고 시각과 언어, 활동 등의 신체 장애를 겪는 사람들을 위한 다양한 디지털 프로젝트 사례를 이야기합니다. '디지털'을 이용하여 개인과 사회가 가지고 있는 환경의 제약을 극복함으로써 누구에게나 차별 없이 기회가 주어지는 세상을 상상해봅니다.

이어서 2장에서는 정보와 문화의 가치를 확산하는 '정보의 공유와 공개'를 위한 디지털 사례를 이야기합니다. 사회를 움직이는 혁신적인 아이디어를 온라인에 공유하고 혁신의 확산과 참여와 공감을 이끌어내고 있는 '테드(TED)', 세금의 정보를 투명하게 공개하여 정부 행정의 투명성을 확보하는 열린지식재단의 '웨어더즈마이머니고(Where Does My Money Go?)' 프로젝트 등을 이야기합니다. 디지털의 특징인 정보의 공유와 공개를 통해 정보의 투명성 확보와 정보격차를 해소하고 나아가 이 정보들이 사회적 가치를 위한 다양한 정보와 문화로 재탄생되는 모습을 알아봅니다.

3장에서는 사회문제를 시민 스스로가 해결하는 '시민 참여와 협업'을 위한 디지털을 이야기합니다. 도시의 여러 문제들을 디지털 기술을 이용하여 시민이 직접 참여하여 해결하는 미국의 비영리단체 '코드포아메리카(Code for America)'와 영국의 비영리단체 '마이소사이어티(mySociety)', 사회의 문제나 재난을 위해 시민이 자발적으로 참여하고 수집한 정보를 공유하는 온라인 협업 지도인 '우샤히디(Ushahidi)' 등의 사례를 이야기합니다. '참여와 공유, 확산'의 디지털 특징을 통해 사회문제에 시민이 직접 참여하여 '집단지성'의 힘으로 빠르고 효율적으로 해결하는 모습을 그려봅니다.

4장에서는 더 나은 세상을 위해 참여하고 나누는 '나눔과 기부'를 위한 디지털을 이야기합니다. 누구든지 온라인을 통해 전 세계의 돈이 필요한 사람에게 돈을 빌려주고 그들의 삶을 변화시키는 마이크로크레딧(microcredit, 미소금융) 서비스인 '키바(KIVA)'. 영어단어를 맞추거나 사진을 찍고 걸음을 걷는 등의 일상의 활동으로 쉬운 기부를 할 수 있는 '빅워크(BigWalk)'와 '프리라이스(Freerice)', '피디(Feedie)' 등의 온라인 서비스와 캠페인 사례를 이야기합니다. 인터넷과 모바일, 서로를 연결시키는 소셜미디어를 활용하여 보다 쉽고 효과적인 방법으로 우리 이웃과 사회를 위한 나눔과 기부를 실천할 수 있는 모습을 알아봅니다.

마지막으로 5장에서는 시민을 위해 더 편리하고 더 안전한 '디지털 시티와 디지털 세상'을 위한 디지털을 이야기합니다. 디지털을 활용한 시민 참여 방식으로, 무단횡단을 81% 이상 줄인 포르투갈 리스본의 '춤추는 신호등(Dancing Traffic Light)' 캠페인과 시민들의 생활데이터를 분석하여 심야시간 시민들의 편안한 이동을 도와준 서울시의 '올빼미버스' 등의 사례를 이야기합니다.

함께 이야기하고 싶은 소프트 디지털

이 책은 다음과 같은 사람들에게 권하고 싶습니다.

- 공익·공공영역에서의 사회혁신에 관심이 많고 디지털 환경에 익숙한 사회인
- 재능기부와 캠페인 등 공익활동에 관심이 많거나 직접 참여하고 싶은 중고등학생 및 대학생
- 기업의 사회공헌과 디지털 행정을 고민하는 담당자 또는 의사결정자(혹은 CIO, CEO 등)

디지털 기획자로서 포털과 미디어, 비영리재단 등 다양한 분야에서 디지털의 혁신성과 가능성을 경험하였습니다. 특히, 언론·미디어의 사회공헌 프로젝트와 공공영역과 공익재단에서의 디지털 활용을 연구하면서, 더 나은 세상을 위한 디지털의 역할을 본격적으로 고민하게 되었습니다.

책을 통해 사람과 사회를 위한 '소프트 디지털'에 대해 이야기하고자 합니다. 특히, 국내와 해외의 사회이슈와 안전사고 등으로 인해 시민 참여와 공공의 역할에 대한

디지털의 요구가 높아지고 있는 상황에서, 디지털의 다양한 사례들을 통해 공익과 공공으로서의 디지털의 역할을 가늠해보고 디지털을 이용하여 일상생활에서 시민들이 사회이슈에 참여할 수 있는 방법들을 제시하고자 합니다.

비록, 사회 변화를 위한 디지털의 인식이 대중적으로 급격히 확산될 수는 없겠지만, 보다 많은 사람들이 '소프트 디지털'의 모습을 경험함으로써, 디지털의 참여와 경험이 다양하게 시도되는 실마리가 되었으면 하는 바람입니다.

목차

4장. 나누기 위해 함께 모이다
나눔과 기부

1장
차별 없이 누구에게나 기회를

기회 격차 해소

"디지털로 개인과 사회가 가지고 있는 환경의 제약을 극복하여, 누구나 차별 없이 원하는 정보와 활동의 기회를 얻어야 합니다."

디지털 시대, IT와 인터넷의 발전으로 언제 어디서나 원하는 정보와 지식을 얻을 수 있습니다. 언제든지 모바일로 최신 뉴스를 확인할 수 있고 지도서비스로 원하는 장소와 정보를 쉽게 찾을 수 있으며, 해외 명사의 강연을 언제 어디서든 들을 수 있습니다.

또한, 소프트웨어가 하드웨어의 기술을 대체하면서 개발비용이 현저하게 낮아졌습니다. 자명종 시계와 녹음기와 같은 생활기기는 물론, 영상편집기와 혈액 측정기 등의 전문기기들이 소프트웨어로 대체되면서 개발과 제작비용이 낮아지고 공간과 운송의 제약이 사라지면서 판매비용 역시 낮아지게 되었습니다.

디지털 기술로 인해 낮아진 생산비용과, 시간과 공간의 제약 없이 정보전달이 가능해지면서 더 많은 지역에 더 많은 사람들이 다양한 혜택과 기회를 가질 수 있게 되었습니다. 개발도상국의 극빈층 아이에게 교육을 제공하고, 산골오지의 사람들에게 의료검진을 할 수 있으며, 신체가 불편한 사람에게 의수를 저렴하게 제작해줄 수 있습니다.

디지털을 활용하여 그들에게 교육과, 의료, 정보 혜택과 같은 다양한 기회가 주어진다면, 우리사회는 서로의 격차를 줄임으로써 서로 이해하고 협력하는 더 나은 세상이 될 수 있을 것입니다.

스스로 가르치는 아이들

홀인더월 프로젝트

"컴퓨터는 아이들이 스스로 학습할 수 있도록 만들어주는 훌륭한 피드백 도구가 될 것입니다."

디지털 시대에 경제적으로 여유가 있는 집안의 아이들은 어릴 때부터 인터넷과 컴퓨터 등 디지털기기 통해 디지털 문화와 혜택을 자연스럽게 접하면서 자랍니다. 그러나 가난한 집안의 아이들은 컴퓨터도 스마트폰도 가질 수 없기에, 재능의 발견은 물론 디지털이 주는 문화 혜택 조차 제대로 누리지 못합니다.

인도 뉴델리에서 컴퓨터 프로그래밍을 교육하던 수가타 미트라(Sugata Mitra) 박사는 의문이 들었습니다. 왜 가난한 집안의 아이들이 아닌, 부유한 집안의 아이들만 유독 이러한 재능을 보이는 것일까? 부유한 집안의 자녀들에게만 선천적으로 뛰어난 유전자를 가지고 있다 생각은 받아들이기 어렵다" 이러한 생각을 수없이 하던 수가타 박사는 문득 '컴퓨터를 가져본 적이 없는 빈민가의 아이들에게 컴퓨터를 주면 어떠한 일들이 생길까?'라는 의문이 들었습니다.

홀인더월 프로젝트가 보여준 '스스로 학습'

수가타 박사는 뉴델리 최빈민가에 위치한 자신들의 사무실 건물 벽에 구멍을 뚫고 인터넷이 연결된 컴퓨터를 설치한 뒤 그곳 아이들이 컴퓨터를 사용하는 모습을 관찰해보기로 합니다. 설치된 컴퓨터를 보고 빈민가의 아이들은 이 기계가 무엇인지 물어보았지만, 그 용도에 대해서는 무엇도 대답해주지 않았습니다. 8시간이 지난 후 컴퓨터 앞으로 돌아왔을 때 8살 아이가 6살 어린아이에게 인터넷 하는 방법을 가르치는 놀라운 모습을 발견합니다.

출처 www.hole-in-the-wall.com

얼마 지나지 않아 수가타 박사는 실험을 위해 마단투시라는 외진 도시로 이동하여 또다시 벽 속 구멍에 컴퓨터를 설치하였습니다. 몇 달 후 이곳을 다시 방문했을 때 아이들은 컴퓨터에 있는 게임을 즐기고 있었습니다. 심지어 컴퓨터를 즐기던 어느 아이는 수가타 박사에게 '더 빠른 프로세서와 더 좋은 마우스가 필요해요'라고 이야기했습니다. 수가타 박사는 놀랐습니다. 컴퓨터 작동을 어느 누구에게도 배운 적이 없는 아이들이 컴퓨터 게임을 즐기고 있고 심지어 '프로세서'나 '마우스' 등과 같은 영어 단어를 어떻게 알 수 있었는지 말입니다. 아이들은 '아저씨가 영어로 된 기계를 가져다 놓았기 때문에 우리는 이 기계를 쓰려고 서로에게 영어를 가르쳐야 했어요'라고 말했습니다. 그는 실제로 아이들의 영어 능력을 테스트해보았더니 '출구', '정지', '찾다', '저장하다'와 같은 영단어 200여 개를 알고 있었고 생활에도 사용하고 있었습니다.

수가타박사는 다시 생명공학에 나오는 DNA 복제를 주제로 하는 영어로 된 과학 자료를 인도 칼리쿠팜 지역의 벽 속 컴퓨터 속에 넣었습니다. 몇 달 후 방문했을 때 아이들은 영어와 복잡한 도표로 된 컴퓨터 속 자료가 무엇을 의미하는지 파악하기 위해 매일매일 컴퓨터의 자료를 보고 있었습니다. 심지어 그 아이들 중에서는 테스트에서 반 이상의 점수를 받은 아이도 있었습니다. 이는 놀랍게도 교육의 혜택을 받지 못한 칼리쿠팜의 아이들이 생명공학 선생님까지 있던 일반 사립학교의 학생들을 따라잡은 것입니다.

아무도 아이들에게 뭔가를 가르쳐주지 않았지만 아이들은 스스로 학습하여 학교교육을 따라잡았습니다. 부유한 집안이든 가난한 집안이든 상관없이, 아이들이 컴퓨터를 접할 수만 있다면 무한한 호기심이 피드백의 도구인 컴퓨터와 만나면서 아이들 스스로 모든 것을 가르치고 배울 수 있다는 것이 밝혀진 셈입니다. 수가타 박사는 이 실험에 '홀인더월(Hole in the Wall)' 프로젝트라는 이름을 붙였습니다.

구름 할머니와 구름 속의 학교

출처 blog.ted.com

'여러분이 영국에 거주하는 할머니이고 인터넷 통신망과 웹 카메라를 가지고 있다면, 1주일에 1시간만 시간을 무료로 내어줄 수 있습니까?'

영국으로 돌아온 수가타 박사는 할머니들을 모집하는 신문광고를 냅니다. 이렇게 모집된 100여 명의 '할머니'들은 '스카이프' 같은 온라인 화상 서비스를 이용하여 영국에서 멀리 떨어진 인도에 있는 아이들에게 교육을 지원하는 프로젝트를 시작했습니다. '구름 할머니(Granny Cloud)'라는 이 프로젝트에서 할머니들은 인도의 아이들에게 지식을 직접 가르치는 것이 아니라, 아이들이 스스로 학습하여 알아낸 것에 대해 '정말 잘했어! 대단하구나'라고 말하며 아이들을 격려하는 역할을 하고 있습니다. 이러한 할머니들의 '격려'는 아이들에게 끊임없는 호기심과 자신감을 불러일으켜 스스로 학습하는 데 커다란 역할을 한다고 수가타 박사는 말하고 있습니다.

수가타 박사는 2013년 TED의 강연자 중 혁신적인 프로젝트에 주는 'TED 프라이즈 상'을 받게 됩니다. 수가타 박사는 이 자리에서 '홀인더월'과 '구름 할머니' 등 자신의 프로젝트 경험을 근거로 "아이들은 자기조직학습환경(Self Organized Learning Environment)만 주어지면 스스로 배울 수 있다"라고 이야기하며 아이들이 스스로 학습하는 '구름 속의 학교(School in the Cloud)' 계획을 발표합니다. 수가타 박사가 발표한 '구름 속의 학교'는 웹 사이트를 기본으로 '인터넷 시스템'과 '공동협업' 그리고 '격려'의 세 가지 요소가 결합된 학교입니다. 인도를 비롯하여 세계 여러 곳에서 시도되고 있는 이 학교에서 아이들은 인터넷과 컴퓨터를 활용하여 교사 없이 아이들이 스스로 배우게 되며, 전 세계의 자원봉사 교사들이 인터넷으로 교육자료를 제공하거나 멘토의 역할을 합니다. 구름 할머니들도 화상 시스템을 이용하여 아이들을 교육하고 격려하는 활동에 참여하고 있습니다.

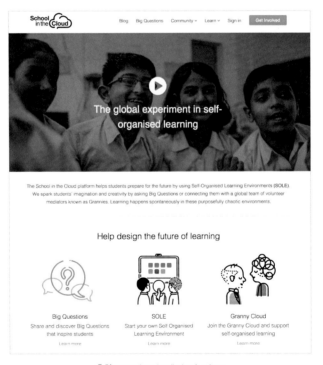

출처 www.theschoolinthecloud.org

디지털을 통해 세계 모든 아이에게 교육 기회를

아직도 세계 곳곳에는 경제적으로 가난한 나라의 수많은 아이들이 교육의 기회조차 제대로 얻지 못하며 지내고 있습니다. 그들에게 교육의 기회를 주기 위해서 많은 단체들이 학교를 세우고 여러 명의 선생님을 통해 직접 가르치는 전통적인 방식으로 접근하고 있습니다. 하지만 이 방식에는 건물을 짓고 학교를 운영하기 위한 인력과 자원 등 많은 돈과 시간을 필요로 하게 됩니다. 때문에 보다 많은 아이들에게 교육의 기회가 주어지지 못하고 있습니다.

그러나 디지털을 통해 환경과 자원의 제약에서 벗어나 언제 어디서나 정보를 얻을 수 있고 교육 효과를 극대화할 수 있게 되었습니다. 수가타 박사의 프로젝트 사례처럼, 아이들의 무한한 호기심을 원동력으로, 이를 충족할 도구로서 디지털이 활용된다면 적은 비용으로도 교육의 혜택을 받지 못하는 수많은 아이들에게 교육의 기회를 줄 수 있을 것입니다.

사이트

- 홀인더월(Hole in the wall) 프로젝트, www.hole-in-the-wall.com
- 구름 속의 학교(School in the Cloud), www.theschoolinthecloud.org
- TED, What would you like to learn today? Building a center for research into Self-Organized Learning, goo.gl/V6w2XT
- TED, A year into his School in the Cloud documentary, Jerry Rothwell shares the highs and lows of watching students teach themselves, goo.gl/C68CNk
- TED, 아이들이 스스로를 가르치는 방법, goo.gl/09Z1g2
- TED, 구름 속의 학교를 짓다, goo.gl/G7gr13

여러분은 무엇이든 배울 수 있습니다

칸 아카데미

"디지털 기술의 발달로 전 세계 누구든지 무료로 교육의 혜택을 누릴 수 있게 될 것입니다."

칸 아카데미는 미국의 해지펀드 애널리스트였던 살만 칸(Salman Khan)이 설립한 비영리 서비스로, 동영상을 이용하여 학습 자료를 제공하고 온라인에서 서로의 학습을 도울 수 있도록 설계된 교육 사이트입니다. 칸 아카데미는 학교 수업을 제대로 따라가지 못하는 조카에게 살만 칸이 수학을 가르치려고 수업 내용을 촬영하여 유튜브에 올린 것이 시초가 되었습니다. 동영상 강의를 접한 조카는 자신이 원하면 언제든지 강의를 반복해서 볼 수 있었기에 만족도가 높았으며, 살만 칸이 동영상 강의를 계속 진행해주기를 희망했습니다.

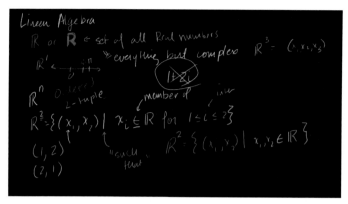

출처 www.khanacademy.org

살만 칸의 동영상 강의가 유튜브에 올라간 덕분에 그의 조카뿐 아니라 전세계 누구나 동영상 강의를 접할 수 있었습니다. 살만 칸의 동영상을 시청한 수많은 유저들 역시, 조카와 마찬가지로 만족도가 높았고 이에 감사의 인사를 전했습니다. 특히 살만 칸의 영상으로 12살의 자폐증이 있는 아들이 큰 도움을 받았다는 사연은 그의 가슴을 뜨겁게 만들었습니다. 수많은 감사 인사와 사연들로 동기부여를 받은 살만 칸은 동영상 강의를 계속해서 제작하여 올렸으며, 강의를 시청하는 사용자 역시 지속해서 늘어나게 됩니다. 그렇게 몇 년간 동영상 강의를 운영해 오던 살만 칸은 다니던 직장을 그만두고 마침내 직접 칸 아카데미를 설립합니다.

전 세계 학생들이 무료로 이용하는 고품질 교육 자료

칸 아카데미에는 초중고교 수준의 수학과 물리학, 화학, 컴퓨터 공학, 역사, 예술, 경제·금융에 이르기까지 다양한 분야의 5,000여 개가 넘는 동영상 강의를 칸 아카데미 홈페이지와 유튜브 채널을 통해 무료로 제공하고 있습니다. 동영상 강의는 학생들의 집중력을 잃지 않도록 대부분 10~15분을 넘지 않으며, 대부분의 동영상은 칸 아카데미의 협력 교사들이 직접 제작해서 등록하고 있습니다. 칸 아카데미에서는 동영상 강의뿐 아니라 영국박물관과 같은 공공기관들과의 파트너십을 통해 문화/교양 등의 자료를 제공하거나 SAT(미국 대학 능력 시험)나 GMAT 등과 같은 대학입시와 관련된 자료들도 제공하고 있습니다.

2012년 한 해에만 전 세계 210여 개국 나라에서 4,300만 명의 학생이 칸 아카데미의 동영상 강의를 수강하였으며, 월 2억 만회 이상의 페이지뷰를 기록할 만큼 인기가 높은 교육사이트로 성장했습니다. 칸 아카데미는 온라인상에 수많은 오픈코스웨어▲ 중에서도 가장 인기가 있는 교육 서비스가 되었습니다.

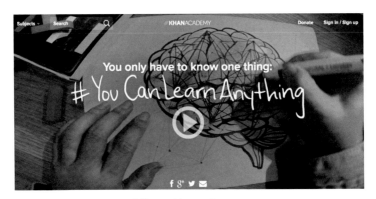

출처 www.khanacademy.org

칸 아카데미는 동영상 강의와 교육자료뿐만 아니라 효과적인 학습을 위해 연습문제가 함께 제공됩니다. 학생이 원하는 교육분야를 선택하면, 8~10 문항가량의 연습문제가 제공됩니다. 이 연습문제를 통해 동영상 강의를 보게 될 학생의 학습수준을 확인하고 이에 맞는 교육자료를 추천해 줍니다.

▲ Open Course Ware - 우수 교육 기관이나 개인들이 온라인 상에 무료로 배포한 교육 자료 및 강의

예를 들어 기초수학 강의를 선택했다면, 먼저 사칙연산과 관련된 연습문제가 몇 단계에 거쳐 제공됩니다. 연습문제에서 만약 곱하기 연산 문제를 반복적으로 풀지 못했다면, 힌트와 함께 곱하기 연산의 기초를 배울 수 있는 교육자료가 추천됩니다. 이를 통해 학생은 자신의 취약한 부분을 파악하고 반복 학습을 통해 이를 보강할 수 있게 됩니다.

학생과 교사, 학부모를 위한 학습 공간

칸 아카데미에 관심을 갖는 것은 학생만이 아닙니다. 기존의 학교에서 수업을 진행하는 교사들에게도 칸 아카데미는 이슈가 되고 있었습니다. 살만 칸은 많은 현직의 교사들로부터 다양한 제안 메일을 받았고 실제 학교 교육에 칸 아카데미를 활용해볼 수 있게 되었습니다.

미국의 로스 알토스(Los Altos) 학교에서는 5학년과 7학년의 각각 2개의 수업에 칸 아카데미를 활용하는 수업을 진행하였습니다. 그들은 교과서를 사용하지 않고 칸 아카데미의 동영상 강의로 학습을 진행했습니다. 이 기간에 교실에서 교사가 일률적으로 진행하는 수업하는 방식을 없애고 수업시간에 학생들이 자기 진도에 맞게 각자 학습을 하도록 하였습니다. 교사들은 교실을 다니면서 학생들의 부족한 부분에 대해 도움을 주는 학습지도를 하였습니다. 이를 통해 교사는 학생 개개인의 진도에 맞게 학습지도를 할 수 있었으며, 개인의 성향을 존중하는 인간적인 수업환경을 만들 수 있었다고 합니다.

학생과 교사의 이러한 상호학습이 가능했던 것은 칸 아카데미에서의 모든 학습활동이 개인별로 데이터로 축적되고 분석되기 때문이었습니다. 학생이 지금 어떤 수업을 듣고 있는지, 수업을 모두 듣는데 얼마나 걸리는지, 어느 부분에서 학습시간이 오래 걸렸는지에 대한 정보를 사용자가 보기 쉬운 그래프로 제공됩니다. 칸 아카데미에서는 회원가입 시 학생과 교사, 학부모 중 신분을 선택할 수 있는데, 교사나 학부모를 선택하면, 칸 아카데미에서 학습하는 제자나 자녀를 찾아서 등록하여 학생의 학습정보와 그래프를 볼 수 있게 됩니다. 이를 통해 자녀 또는 학생이 어떤 과목에 어떤 부분을 어려워하는지 자세히 파악할 수 있습니다.

한국어로도 제공되는 칸 아카데미 강의

칸 아카데미는 인터넷을 통해 양질의 교육자료와 서비스를 제공하고 있습니다. 그러나 등록된 동영상 강의와 교육자료가 모두 영어로 진행되고 있어서, 언어의 장벽으로 더 많은 학생들이 혜택을 얻지 못하는 점이 아쉬웠습니다. 칸 아카데미는 이를 위해 세계 각국 자원봉사자들의 도움을 받아 영어뿐 아니라 스페인어, 프랑스어 및 브라질 포르투갈어 버전 등 36개 이상의 언어로 강의를 제공하고 있습니다. 한국어로도 수학, 과학, 생물 분야의 90여 편의 동영상 강연이 등록되어 있습니다. 특히 반가운 것은 네이버에서 설립한 비영리 기관인 커넥트재단(구, 엔에이치엔넥스트)에서, 아시아에서 첫 번째, 전 세계에서 다섯 번째로 칸 아카데미와 협력관계를 맺고 수학과 과학분야에서 동영상과 연습문제 등을 한국어로 번역 지원을 하고 있으며, 2016년부터는 한국어로 된 칸 아카데미 사이트가 오픈되어 운영되고 있습니다(ko.khanacademy.org).

출처 www.smh.com.au

새로운 교육 환경을 선도한 칸 아카데미

칸 아카데미는 구글과 빌&멜린다 게이츠 재단, 넷플릭스 최고경영자 등의 재정적 지원을 받아 100% 무료로 운영되고 있습니다. 빌&멜린다 게이츠 재단의 빌 게이츠는 2011년 칸의 TED 강연에 깜짝 등장하여 왜 그들이 칸 아카데미를 높이 평가하는지 그 잠재력에 대해 다음과 같이 이야기하였습니다.

"살만 칸은 대단한 일을 해냈습니다. 모든 주제들을 12분짜리 강의에 담아냈습니다. 기술을 이용해 더 많은 이들에게 배움의 기회를 주고 자신의 수준을 알게 해주는 그의 업적들은 바로 혁신의 시작이죠. 살만 칸은 선구자입니다. 칸 아카데미에서 교육의 미래를 봤습니다."

디지털이 우리의 생활 깊숙이 들어와 많은 부분을 변화시키고 있지만, 아직 학교의 교육방식은 과거의 그것에 크게 달라지지 못하고 있습니다. 학교라는 공간에서 제한된 시간 내에 소수의 교사가 다수의 학생을 대상으로 일방적인 학습 내용을 전달하는 교육방식은 거의 변함이 없지요. 하지만 전자교과서를 활용하고 아이패드 등의 태블릿 PC를 도입하는 등 교육환경을 변화시키기 위한 다양한 노력이 시도되고 있습니다. 더불어 '칸 아카데미'와 같은 학습 콘텐츠로 서로 연결된 온라인 학습 서비스들이 그 변화와 시도의 중심에서 더 많은 이들에게 학습의 기회가 주어질 것입니다.

사이트

- 칸 아카데미, www.khanacademy.org
- 칸 아카데미 한국어, ko.khanacademy.org
- 칸 아카데미 유튜브 한국 채널, www.youtube.com/user/KhanAcademyKorean
- TED, 교육을 변화시키기 위해 영상을 이용합시다, goo.gl/KzRWcx

치유를 위한 디지털 기술

낫임파서블랩

"기술의 발전은 인류를 위하고 아픔을 치유하는 데 사용되어야 합니다."

'낫임파서블랩(Not Impossible Lab)'은 미국 캘리포니아에 위치한 비영리단체로, 디지털 등의 첨단기술을 사용하여 실의에 빠진 사람들을 도와주는 프로젝트를 진행하고 있습니다. 이들은 기술과 지식이 인류의 치유를 위해 사용되어야 한다고 이야기하고 있으며, 기술과 연구내용을 모두 오픈소스로 공개하였습니다. 이를 통해 누구나 참여할 수 있도록 함으로써 인류의 어려운 문제들을 해결하여 불가능을 극복(Not impossible)할 수 있다고 이야기합니다.

출처 www.notimpossible.com

3D 프린터와 100달러로 만든 기회, 대니얼 프로젝트

'낫임퍼서블랩'의 창업자 믹 에블링(Mick Ebeling)은 2013년 언론을 통해 아프리카 남수단(South Sudan)의 내전으로 두 팔을 잃은 대니얼 오마(Daniel Omar)의 사연을 접하게 됩니다. 사연 속의 대니얼은 가족 일로 소를 돌보다가 마을을 덮친 폭격으로 두 팔을 모두 잃었고 이후 먹고 씻는 일상의 행동조차 다른 사람의 도움이 필요한 상황이 되었습니다. 혼자서는 아무것도 할 수 없게 되자 대니얼은 희망을 잃고 사람들을 멀리하며 2년을 혼자 지내고 있었습니다.

이와 같은 사연을 접한 믹 에블링은 컴퓨터와 3D 프린터를 챙겨서 남수단으로 대니얼을 찾아갔습니다. 그곳에서 인공 팔 전문가와 3D 프린터 전문가, 신경과학자의 도움을 받으며, 대니얼의 인공 팔 제작을 위한 연구를 시작하였습니다. 얼마간의 연구 끝에 3D 프린터를 이용하여 대니얼의 인공 팔과 손을 만들었고 대니얼은 이 인공 팔을 이용하여 2년 만에 자신의 손으로 직접 식사를 할 수 있는 감동적인 경험을 하게 됩니다.

출처 www.notimpossible.com

아프리카 남수단 지역은 오랜 내전으로 정부군과 반군의 전쟁으로 인해 대니얼같이 팔을 잃은 아이들이 5만 명이 넘는다고 합니다. 그들에게 기존의 의수나 의족을 제작하기 위해서는 수천 달러, 우리 돈으로 수백만 원의 비용이 들었기에, 경제적으로 가난한 그들은 엄두를 내지 못했습니다. 그러나 3D 프린팅 기술을 이용하여 대니얼을 위해 만든 인공 팔은 제작비용이 100달러(10만 원) 정도밖에 들지 않았기 때문에 그들에게는 희망과 기회가 생겼습니다. 이에 믹 에블링은 대니얼 같은 신체절단 피해자들을 위해 지역 병원에 인공 팔을 제작하는 공간을 만들고 두 대의 3D 프린터로 인공 팔을 만드는 법을 그들에게 알려주었습니다. 이후 제작 공간에서는 이들을 통해 남수단의 신체 절단 피해자들을 위한 인공 팔이 계속 만들어지고 있습니다.

> **참고** **3D 프린팅 기술**
>
> 3D 프린팅 기술은 산업 분야뿐 아니라 이제 의료분야에도 혁신적인 변화를 가져오고 있습니다. 환자의 골격에 맞춘 의족과 의수, 보청기와 두개골은 물론, 인공치아와 턱뼈, 혈관 등도 제작할 수 있다고 합니다. 미국 캘리포니아주립대에서는 2002년 삼쌍둥이 분리 수술에 3D 프린팅 기술을 이용하여 여러 번의 예행연습을 통해 기존에 100시간 이상 소요되는 수술을 22시간 만에 성공한 사례도 있습니다.

동생과 다시 한 번만 이야기하고 싶어요,
아이라이터

믹 에블링은 '근 위축성 측생 경화층(ALS)'이라는 우리가 흔히 알고 있는 '루게릭병'으로 눈동자밖에 움직일 수 없는 그래피티 예술가인 '템트(Tempt)'의 사연을 접합니다. 믹 에블링이 템트에 찾아갔을 때, 템트의 형은 믹 에블링에게 '동생과 다시 말하고 싶다'는 소망을 이야기합니다. 루게릭병 환자의 의사소통을 위해 개발된 기계가 판매되고 있었지만, 가격이 너무 비싸서 템트의 가족은 이를 사용할 엄두를 내지 못했습니다.

믹 에블링은 템트의 의사소통을 위한 기계를 만들기로 결심합니다. 그는 관련 분야에서의 다양한 할동으로 전 세계에 있는 프로그래머 일곱 명을 모아 자신의 집에서 1년간 연구를 진행했습니다. 그리고 마침내 안경테와 플레이스테이션3용 소형카메라, LED전구와 전선을 이용하여 눈동자를 인식할 수 있는 '아이라이터(Eye Writer)'를 만들어냈습니다. 이 장치는 눈의 깜빡임과 눈동자의 움직임을 안경테에 있는 소형카메라가 인식하여 레이저포인터를 작동시키고 이를 통해 컴퓨터로 글을 쓰거나 그림을 그릴 수 있게 해줍니다.

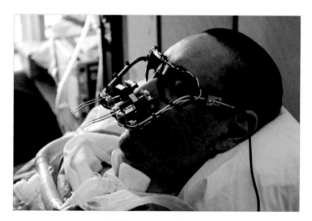

출처 www.eyewriter.org

템트는 '아이라이터'를 이용하여 7년만에 처음으로 가족들 앞에서 자신의 생각을 그림으로 표현할 수 있는 감동의 순간을 경험합니다. 그리고 이후 템트는 '아이라이터'를 이용하여 그래피티 예술가로 다시 활동하게 되었습니다.

출처 www.eyewriter.org

인류를 치유하기 위한 디지털 기술

이후, 낫임파서블랩은 '아이라이터'가 필요한 사람이면 누구나 장치를 제작할 수 있도록 제작 과정과 연구 내용 그리고 프로그램 소스 전부를 오픈소스로 공개하였습니다. 이를 통해 전 세계에서 관심 있는 사람들의 자유로운 참여가 가능해져 지속적으로 장치를 개선해나갈 수 있게 되었습니다. 또한 아이라이터에 이어 뇌파를 이용하여 소통할 수 있는 '브레인라이터'라는 장치를 개발하고 있으며 이를 위해 전 세계의 다양한 전문가의 자발적인 참여를 기다리고 있습니다.

디지털 기술은 낫임파서블랩의 프로젝트와 같은 사례를 보다 많이 만들어 낼 것입니다. 이러한 사례를 통해 신체의 한계를 극복하여 미래로 나아갈 수 있는 세상의 수많은 기회가 모두에게 주어지게 될 것입니다.

사이트

- 낫임파서블랩, www.notimpossible.com
- 아이라이터 프로젝트, www.eyewriter.org

스마트폰이 실명을 예방할 수 있다면?

픽 비전

"새로운 방식으로 눈을 치료하는 데 스마트폰 기술의 힘을
활용할 수 있지 않을까?"

발전하는 디지털 기술 덕분에 매년 스마트폰의 성능이 빠르게 높아지고 있습니다. 기기의 성능은 물론, 카메라의 성능 역시 함께 높아지면서 제조사들은 스마트폰 카메라로 얼마나 더 좋은 사진을 촬영할 수 있는지 경쟁을 벌이기도 합니다. 그렇다면 여러분은 스마트폰 카메라를 어떠한 용도로 사용하고 있으신가요? 가족이나 연인의 모습을 찍거나 여행지의 멋진 풍경을 담거나 혹은 식당에서 주문한 음식을 인증하는 용도로 사용하고 있나요? 여기 세상을 위해 스마트폰의 카메라를 좀 더 특별하게 활용하는 프로젝트가 있습니다.

픽(Peek)은 스마트폰으로 안과 검진을 할 수 있게 개발된 휴대용 안과 검진 시스템입니다. 스마트폰 앱과 카메라 어댑터로 구성되어 있으며, 이를 이용하여 전문 의료장비 없이 어디서나 시력검사와 안구검사 등의 안과 검진을 할 수 있습니다.

출처 www.tech4goodawards.com/finalist/peek

전 세계에는 약 4천만 명의 실명 인구가 있다고 합니다. 그러나 이들 중 80%는 케냐와 같은 개발도상국의 산골지역 환자들로, 그들에게는 비싼 검진 비용과 거주환경의 제약 등으로 제때에 검사나 치료를 받지 못해 실명되는 경우가 많다고 합니다. 눈병이나 눈의 영양부족 등 우리의 일상생활에서 볼 수 있는 작은 질환들조차 제때에 치료를 받지 못해 실명에 이른다고 하니 너무 안타까운 상황이지요. 픽은 이러한 개발도상국이나 산골 지역의 환자들이 장소에 구애받지 않고 손쉽게 눈의 상태를 확인하고 치료를 받을 수 있게 함으로써 실명을 예방하기 위해 개발되었습니다.

산골지역 주민들의 건강을 위해 시작된 프로젝트 '픽'

'앤드루 바스터로스(Andrew Bastawrous)'가 그의 진료팀과 함께 케냐의 산골지역에 안과 진료를 진행하면서 기획되었습니다. 그들은 장비와 차량, 팀을 준비하여 산골지역 곳곳에 진료소 100여 개를 설치하고 주민들에게 안과 진료를 하고자 했습니다. 그러나 안과 진료를 하기 위해서는 검안경 망막 카메라와 같은 전문 진료 장비들이 필요한데, 장비들이 고가이기도 하고 부피가 크기 때문에 산골지역까지 운송하기가 어려웠습니다. 어려움 끝에 장비를 산골지역까지 운송하였다 하더라도, 장비를 작동시키기 위해 전기를 끌어오는 것이 문제가 되었습니다.

앤드루와 그의 진료팀은 이러한 경험을 통해서 더 쉽고 효율적인 진료방법을 고민하게 되었고 '새로운 방식으로 눈을 치료하는 데 스마트폰 기술의 힘을 활용하자'라는 생각으로 '픽' 프로젝트를 시작하게 되었습니다.

출처 www.peekvision.org

픽의 가장 큰 장점은 스마트폰 앱과 카메라 어댑터로 간단히 구성되어 있어서, 고가의 장비 없이 어디서나 저렴하게 진료할 수 있다는 점입니다. 실제 앤드루의 진료팀이 기존에 케냐지역의 의료서비스를 지원하기 위해서는 15명의 전문인력과 150,000달러 어치의 장비와 차량이 필요했습니다. 그러나 '픽'을 활용하면 스마트폰을 가진 단 한 명이 자전거를 타고 다니면 된다고 합니다. 비용도 단지 500달러밖에 들지 않으면서 말이죠. 또한 의료진이 매고 다니는 가방의 태양열 전지판으로 스마트폰을 충전할 수 있게 함으로써 전기 문제도 해결하고 있습니다.

픽의 또 다른 장점은 스마트폰 앱으로 전문가가 아니더라도 누구나 손쉽게 환자의 시력검사와 안구검사를 할 수 있다는 점입니다. 전문의료진을 기다리지 않고 이웃들이 픽으로 환자를 검사하면 검사 결과와 환자의 위치가 의료진에게 자동으로 전송되기 때문에 의료진은 환자를 상태를 확인하고 시기에 맞게 치료할 수 있게 됩니다. 이로 인해 실명 인구를 크게 줄일 수 있게 됩니다.

'픽' 프로젝트는 그 혁신성을 인정받아 2014년 '글로벌 디자인 포럼(Global Design Forum)'에서 세상을 바꿀 다섯 가지 아이디어(Five Ideas to Shake the World) 중 대상을 받기도 하였습니다. 픽은 보다 정확한 안구검진을 위해 기존보다 검진의 해상도를 높인 '픽 레티나(Peek Retina)'를 개발 중이며, 이를 위해 2015년 1월 크라우드펀딩 사이트인 인디고고(Indiegogo)를 통해 펀딩을 진행하여 성공하기도 했습니다. 현재 픽 레티나는 스마트폰에 부착하는 픽 레티나 렌즈와 안드로이드용 앱이 개발되어 있습니다.

사이트

- 픽 비전 프로젝트, www.peekvision.org
- TED, 이제부터는 시력검사를 스마트폰으로 받으세요, goo.gl/P6Dv3Q
- 픽 레티나 소개 영상, youtu.be/SJO9QQWg8BU

시각장애인을 위한 저렴한 점자 프린터

레고 점자 프린터 브라이고

"기술은 우리의 생활이 편리해지도록 도움이 되어야 하지만, 높은 비용으로 인해 부담이 되어서는 안 됩니다."

미국 캘리포니아에 사는 13살 소년인 '슈브함 바네지(Shubham Banerjee)'는 어느 날 지역의 시각장애인을 위한 기부금 전단지를 보고는 "시각장애인들은 어떻게 글을 읽을까?"라는 궁금증을 가졌습니다. 궁금한 점을 찾던 바네지는 인터넷을 통해 시각장애인들을 위한 점자 프린터의 가격이 2,000달러가 넘는다는 사실을 알고는 놀랐습니다. 전 세계에 시각적인 불편함이 있는 시각장애인이 약 2억 8,500만 명이며 이들 중 90%가 개발도상국에 살고 있었기에 2,000달러라는 금액은 그들에게는 너무 비싸기 때문입니다.

출처 www.braigolabs.com

레고로 만들어진 점자 프린터

점자 프린터는 시각장애인들이 읽고 쓸 수 있도록 도움을 주는 필요한 도구인데, 비싼 가격으로 시각장애인이 사용하지 못한다면 그들은 읽거나 쓰지도 못하고 '교육의 권리와 기회에서 소외'되는 것이라 바네지는 생각했습니다. 이러한 문제 해결을 위해서는 저개발도상국 사람들을 위한 저렴한 가격의 점자 프린터가 필요하다고 생각한 바네지는 직접 점자 프린터를 만들어보기로 했습니다.

저렴한 점자 프린터 제작을 위해 고민하던 바네지는 자신이 평소 자주 가지고 놀던 '레고(LEGO)' 블록을 떠올렸고 부모님과 학교 선생님의 도움을 받아레고로 점자 프린터를 만들기 시작했습니다. 그리고 많은 시간과 테스트를거쳐 레고로 만든 점자 프린터인 '브라이고(Braigo v.1.0)'가 만들어졌습니다.브라이고는 점자(Braille)와 레고(LEGO)를 합성한 단어로, '레고로 만들어진점자 프린터'라는 의미를 담고 있습니다. '브라이고'는 우리 주변에서 흔히

볼 수 있는 레고 블럭과 함께 레고의 교육용 도구 중에 하나인 '레고 마인드
스톰 EV3'을 이용하여 제작되었습니다. 레고 블럭을 이용하여 점자 프린터
의 구조를 만들고 '마인드스톰'과 여러 센서들을 이용하여, 레고 블럭을 움
직여 점자를 인쇄할 수 있도록 '소프트웨어'를 구동시켜 작동합니다.

이렇게 만들어진 '브라이고'의 개발비는 약 350달러로 기존 점자 프린터의
1/7 수준으로 매우 저렴합니다. 저개발도상국의 시각장애인들을 위해 저
렴한 점자 프린터를 만들겠다는 바네지의 소망이 현실이 된 것입니다.

출처 www.braigolabs.com

바네지는 브라이고를 더 많은 시각장애인들에게 보급할 수 있게 하려고 부
모님의 도움을 받아 2014년 8월에 '브라이고 랩(BRAIGO Lab Inc.)'이라는
회사를 설립합니다. 그리고 더 많은 시각장애인이 브라이고를 사용할 수 있
도록 브라이고 v.1.0 모델을 1달러에 판매하고 프린터의 구동과 관련된 소
프트웨어와 점자 프린터의 설계 자료를 누구나 활용할 수 있도록 무료로 공
개하였습니다.

브라이고는 이러한 기술의 혁신성과 사회적 가치의 정신을 인정받아 많은

곳에서 수상하였으며, 백악관에도 초청이 되었습니다. 또한 글로벌 기업인 인텔(Intel)로부터 거액의 투자를 받아 기존 브라이고를 개선하여 일반 프린터와 좀 더 유사한 형태의 500달러 이하의 점자 프린터를 현재 개발하고 있습니다.

사회를 변화시키는 '히어로' 디지털

우리 주변에 몸이 불편한 장애인을 위한 기술들은 과거에도 종종 개발되었습니다. 그러나 대중적인 제품들에 비해 수요와 시장성이 적다는 이유로 생산비용이 높을 수밖에 없었고 그 때문에 많은 사람들이 기기의 혜택을 누리지 못하는 안타까운 모습이었습니다. 그러나 디지털 기술의 발전으로 생산비용이 낮아지고 정보들이 공유되면서 디지털기기를 활용하여 장애인이나 사회 약자의 활동을 돕는 사례들을 종종 볼 수 있게 되었습니다. 특히, 정보의 공유와 쉬운 제작툴을 통해 누구나 기기를 제작할 수 있는 환경이 되었습니다.

이제 아이디어와 열정만 가지고 있다면 디지털을 이용해 '브라이고'의 사례처럼 누구나 사회 변화를 일으킬 수 있는 '히어로'가 될 수 있습니다.

사이트

- 브라이고랩스, www.braigolabs.com

▼

파킨슨병 환자, 스스로 식사하다

손 떨림 보정 스푼 리프트웨어

"이것이 병을 치료하진 않습니다. 파킨슨병 환자들은 여전히 떨고 있습니다. 하지만 그들에게 이것은 매우 긍정적인 변화입니다."

기술과 의학의 눈부신 발전으로 과거의 많은 질병이 정복되었고 수술은 더 안전하고 정교해지면서 많은 사람들이 질병에서 벗어나 새로운 삶을 얻게 되었습니다. 그러나 아직도 수많은 사람들이 질병으로부터 고통을 받고 있습니다. 세계 3대 노인성 질환으로 꼽히는 '파킨슨병' 역시 완치가 어려워 많은 환자들이 고통을 받는 질병 중의 하나입니다. 파킨슨병은 뇌의 신경세포가 손실되면서 손발의 떨림, 활동의 속도 저하, 근육 경직 등 운동상의 문제와 우울증, 치매, 자율신경계 이상 등의 장애를 겪게 되는 병입니다. 특히 손발의 떨림 증상으로 환자 스스로 식사를 할 수 없는 등 일상생활에 많은 어려움을 겪게 됩니다.

환자의 손 떨림을 보정하는 특별한 스푼

스타트업 기업인 '리프트랩(Lift Labs)'은 일상생활에 어려움을 겪는 파킨슨병 환자를 돕기 위해 특별한 스푼을 개발했습니다. '리프트웨어(Liftware)'라는 이름의 이 스푼은 파킨슨병 환자와 같이 손 떨림이 있는 환자들을 위해 손의 떨림을 바로잡는 특수한 기능을 합니다.

출처 www.liftware.com

환자가 스푼을 사용해도 손은 여전히 떨리지만, 스푼이 손 떨림을 감지하여 자동으로 균형을 맞춤으로써 스푼은 떨리지 않게 됩니다. 이 스푼을 사용하면 음식물을 거의 떨어트리지 않게 되어 다른 사람의 보조 없이도 혼자서 식사를 할 수 있게 됩니다.

개발사에 의하면 이 스푼의 개발을 위해 지난 2년간 100개 이상의 알고리즘으로 임상실험을 거쳤고 그 결과 스푼의 떨림을 76퍼센트까지 감소시킬 수 있다고 합니다. 프로젝트 홍보영상에는 파킨슨병을 앓고 있는 노인의 스푼 사용의 전후 모습이 담겨있는데, 이 스푼이 파킨슨병을 앓고 있는 환자들에게 얼마나 유용한지 바로 알 수 있습니다.

출처 www.liftware.com

4명의 인력으로 스푼을 개발하던 '리프트랩'은 지난해 크라우드펀딩 사이트인 '인디고고'를 통해 스푼의 연구개발을 위한 프로젝트 펀딩을 진행하였습니다. 그리고 이 프로젝트를 '구글X팀'에서 보게 되었고 구글은 프로젝트의 투자와 함께 리프트랩을 인수하였습니다. 지난 2014년 11월, 구글은 '리프트웨어' 스푼의 정식판매를 시작하였으며, 2016년에는 안정성이 더욱 높아진 리프트웨어 레벨(Liftware Level) 이라는 새로운 제품도 추가로 출시하였습니다.

환자의 생활을 변화시키는 기술

파킨슨병은 전 세계 60세 이상의 인구 중 1%가 고통받는 질병으로 현재 약 900만 명의 파킨슨병 환자가 있다고 합니다. 병을 치료하기 위해 다양한 약품이 개발되고 여러 치료요법이 생기고 있지만, 아직 완치가 어려운 병입니다. 리프트웨어 스푼은 비록 파킨슨병을 근본적으로 치료하지는 못하지만 기술을 통해 환자가 일상생활을 좀 더 편리하게 변화시키는 도구가 되었습니다.

디지털과 기술의 역할은 바로 이러한 것이 아닐까 생각합니다. 파킨슨병 환자는 최소한 떨리는 손 때문에 타인의 시선이 두려워 식당에 가지 못하는 일은 일어나지 않을 테니까요.

사이트

- 리프트웨어 프로젝트, www.liftware.com

언어 장애로 인한 소통을 해결하는 소프트웨어

토크잇

"토크잇은 언어장애를 가진 수백만의 사람들이 자유롭게
말할 수 있도록 도와줍니다."

최신 스마트폰에는 구글의 구글 어시스턴트(Google Assistant), 애플의 시리
(Siri) 등 사용자의 음성을 인식하여 스마트폰의 사용을 편리하게 도와주는
음성인식 기술이 내장되어 있습니다. 오늘의 날씨와 일정 체크, 연락처와
이메일의 검색, 그리고 인터넷 사이트 검색과 주요 애플리케이션 실행 등을
음성으로 편리하게 작동시킬 수 있어 매우 편리합니다. 그리고 여기, 음성
인식 기술을 조금 더 특별하게 활용하는 프로젝트가 있습니다.

출처 www.voiceitt.com

언어 장애인들의 친절한 통역사

이스라엘의 IT기업인 보이스잇(Voiceltt)이 개발하고 있는 토크잇(Talkitt)▲
은 언어장애를 겪고 있는 사람들을 위한 음성인식 소프트웨어입니다. 루게
릭병이나 뇌성마비, 알츠하이머병, 파킨슨병 등을 앓고 있는 사람들은 신체
활동의 제약만큼이나 언어장애로 인해 생활에 많은 어려움을 느끼고 있습
니다. 또한, 언어장애로 생활에 어려움을 느끼는 사람은 세계 인구의 1.5%
에 이른다고 합니다. 결코, 작은 숫자가 아닙니다.

토크잇을 이용하면 언어장애를 가진 사람들도 식당에서 점심을 주문하고
가족과 지인과 이야기를 나눌 수 있는 등 일상적인 활동이 가능하게 됩니
다. 토크잇은 음성인식 기술로 언어장애를 가진 사용자의 음성 패턴을 분석
하여 그들의 말이 분명하게 표현될 수 있도록 통역해주는 기능을 합니다.

▲ 2017년경부터 프로젝트 명칭도 '보이스잇'으로 변경한 듯하나, 이 책에서는 '토크잇'으로 표기합니다.

사용시간이 늘어나면 사용자의 음성 패턴의 데이터가 쌓여 그들의 말을 더욱 정확하게 표현할 수 있다고 합니다. 또한 음성 패턴을 분석하기 때문에 영어 이외에도 프랑스어나 중국어 그 이외 모든 언어에 사용이 가능하다고 합니다.

토크잇이 특별한 것은 언어장애를 겪고 있는 사용자의 말을 '통역'해주는 시스템이라는 것입니다. 그동안 언어장애를 돕기 위해 수많은 제품들이 나왔지만 모두 의사전달에만 초점이 맞춰 있고 언어장애를 가진 그들도 말을 하고 있다는 사실은 간과하고 있었습니다. 그렇기 때문에 언어장애를 겪는 사람들의 말이 아닌 포인터 등으로 글자를 입력하여 간접적으로 소통하는 방식의 제품이 대부분이었습니다. 그러나 토크잇의 개발자들은 언어장애를 겪고 있는 사람들도 분명 자신의 언어로 의사를 분명히 밝히고 있으며 다만, 일반인이 이를 잘 이해하지 못할 뿐이라고 말합니다. 단지, 그들은 초콜릿(chocolate)을 쇼-코-라(sho-ko-la)로 말할 뿐이라고 합니다. 그래서 토크잇으로 언어장애를 겪고 있는 그들의 말을 일반 사람들에게 분명히 전달되도록 '통역'하는 것입니다. '통역'을 통해 언어장애를 겪는 사람들도 일반인과 같이 언제 어디서나 자신의 말로 직접 소통을 할 수 있게 됩니다.

출처 www.voiceitt.com

토크잇의 홍보영상에는 언어장애를 겪고 있는 사람들이 가족에게 하고 싶은 말을 토크잇으로 전하는 감동적인 모습이 담겨있습니다. 실제로 보이스잇의 CEO는 그의 할머니가 뇌졸증으로 가족과의 의사소통의 어려움을 경험하였고 그로 인해 보이스잇을 설립하고 토크잇을 개발하기 시작했다고 합니다. 또한, 그들은 '사람들이 보다 만족스러운 삶을 살 수 있도록 건강과 기술개발 분야에서 의미 있는 혁신을 만들기 위해 항상 노력합니다.'라고 이야기하고 있습니다.

토크잇은 2014년 크라우드펀딩 사이트인 인디고고를 통해 펀딩에 성공하였으며, 현재 이스라엘, 미국, 유럽의 병원, 대학교, 장애인 단체 등과의 협력을 통해 베타프로그램을 지속적으로 진행하고 있습니다. 스마트폰과 태블릿PC, 웨어러블 기기 등 휴대기기용 애플리케이션으로 개발되고 있고 현재는 서비스의 완성도를 높이기 위해 음성데이터 수집에 도움을 줄 봉사자들을 모집하고 있습니다.

사이트

- 토크잇 프로젝트, www.voiceitt.com

2장
가치 있는 정보는 공유되어야 한다

정보 공개와 공유

"디지털을 통해 개인과 사회의 더 나은 삶에 기여하는 학술과 문화, 예술, 공공의 정보를 모두에게 공개함으로써, 정보격차를 해소하고 나아가 다양한 정보로 새로운 사회적 가치를 만들어낼 수 있습니다."

IT와 인터넷으로 엄청나게 많은 정보가 만들어지고 있습니다. 특히 모바일과 SNS의 보급으로 개인이 생산하는 정보까지 더해지면서 그 정보량은 더욱 늘어나고 있습니다. 과거, 정보와 지식이 일부 귀족들의 전유물이던 시대가 있었습니다. 그러나 금속활자와 인쇄기술의 발달로 정보와 지식이 일반시민에게 전달되어 많은 사람이 정보를 공유하게 되자 경제와 문화 등 사회 전반에 걸쳐 엄청난 발전을 이뤘습니다.

디지털 시대, 정보의 '연결'과 '공유'는 대표적인 특징입니다. 서로 연결하고 공유함으로 협력하고 새로운 것을 만들어냅니다. 자신들의 경험과 정보를 공유하고 사회적 가치가 있는 자료들을 공개하며, 공공정보를 공개하여 시민의 참여와 시정의 투명성을 확보해나가고 있습니다. 창작자는 자신의 창작물을 공개하여 더 많은 다양성과 가치생산에 기여하고 있습니다. 이제는 정보를 자신들만이 소유하는 것이 아닌 모두에게 공유함으로써 새로운 가치를 만들어내기 위해 노력하고 있습니다.

디지털을 통해 가치 있는 정보를 공유한다면, 사회의 정보격차를 줄이고 투명한 사회를 만들며 나갈 수 있습니다. 또한, 정보 공유로 인해 만들어지는 새로운 가치의 정보와 문화들을 만끽하며 더 나은 세상으로 나아갈 수 있을 것입니다.

누구나 무엇이든 말할 수 있습니다

테드(TED)

"마을의 경제발전을 위해 풍차를 만들고 영화관을 개설한 아프리카 청년의 이야기에서부터, 개발도상국 어린이들을 위해 만든 100불짜리 컴퓨터 이야기, 트위터 창업자가 들려주는 인터넷 이야기, 바람의 힘만으로 움직이는 생명체를 만든 예술가의 이야기, 사람들의 인생 최고의 비밀들을 익명으로 모아 책으로 출간한 이야기, 슈퍼모델이 이야기하는 성전환자의 사회 편견에 대해 이야기… 널리 퍼져야 할 아이디어(Ideas Worth Spreading)"

테드(TED)는 미국의 새플링(Sapling) 재단이 진행하는 콘퍼런스로, 혁신적이고 통찰력 있는 아이디어를 가진 강연자와 세계의 전문가, 실천가들이 모여 그들의 생각을 발표하고 교류하는 비영리 행사입니다. 우리에게는 오프라인 행사보다 TED.com을 통해 인터넷으로 공유된 각 분야 전문가들의 통찰력 있는 강연 동영상으로 더욱 친숙합니다.

TED는 Technology(기술), Entertainment(엔터테인먼트), Design(디자인)의 약자로 이를 핵심 키워드로 하고 있지만, 이외에도 심리학, 철학, 디자인, 과학, 운동, 교육, 예술 등 다양한 주제의 분야의 전문가가 강연자로 참석합니다. 빌 게이츠와 클린턴, 엘 고어 전 부통령, 가수 스팅과 U2의 맴버인 보노, 영국 수상 등 직접 강연을 듣기 어려운 유명인사를 비롯하여 노벨상 수상자와 우주과학자, 유명 작가 등 각 분야의 영향력 있는 전문가들이 TED 콘퍼런스에서 자신의 아이디어나 생각을 18분이라는 짧은 시간 동안 발표를 합니다.

미국 캘리포니아주 롱비치에서 매년 열리는 TED 콘퍼런스는 70여 명의 발표자가 5일간 발표를 진행합니다. 지금까지 약 2,300여 명의 발표자가 참여했고, 매년 1,000여 명이 넘는 청중이 콘퍼런스에 참석하고 있습니다.

원래 TED콘퍼런스는 미국에서만 열렸으나, 급격히 늘어난 참가자 수로 인해 이후 영국 옥스포드를 비롯하여 유럽과 아시아 등지로 강연 개최 지역이 확대되었고 TEDx와 같은 형식으로 각 지역에서 자발적인 행사로 진행하기도 합니다.

이제 아이디어가 퍼지는 '장소'는 인터넷

TED는 1984년 건축과 디자인의 전문가들이 기술과 디자인, 방송 분야의 전문가들을 대상으로 서로의 정보를 교환하기 위해 일회성으로 기획 된 국제 콘퍼런스에서 시작되었습니다. 이 행사는 1990년부터 매년 비공개로 열리기 시작했는데, 2001년 전직 컴퓨터 저널리스트이자 잡지발행인인 크리스 앤더슨(Chris Anderson)이 속한 새플링 재단에 인수된 후, 폐쇄적인 소수 엘리트의 모습에서 현재의 다수에게 개방되어 함께 참여하고 즐기는 '지식 축제'의 모습으로 크게 바뀌었습니다.

2007년, TED는 그동안 진행된 콘퍼런스의 강연 동영상을 TED 사이트를 통해 TED Talk이라는 명칭으로 인터넷에 무료로 공개합니다. 사실 TED 콘퍼런스는 약 7,500달러(한화로 약 800만 원)의 거금을 지불하여 초대를 받아 참석하는 유료 행사입니다(강연자는 무료로 강연을 합니다). 초기에 4,400달러였다가 차츰 금액이 올라 현재의 금액이 되었는데, 그럼에도 불구하고 유료의 참가 신청은 항상 조기에 종료될 정도로 많은 인기를 누리고 있었습니다. 수많은 사람이 참가하는 고가의 인기 있는 유료 강연을 인터넷에 무료로 공개하기란 쉽지 않은 결정이었겠지만, 그 결과는 놀라웠습니다.

TED 강연 동영상을 인터넷에 무료로 공개한 덕분에 더 많은 사람들이 TED의 강연을 접하게 되었고 사람들이 이 동영상을 다시 공유하면서 인터넷에 빠르게 퍼지게 되었습니다. 또한, 무료로 제공되는 동영상을 23,000명의 자원봉사자들이 90여 개국의 언어로 무료로 번역해주는 덕분에 누구나 언어의 벽 없이 쉽게 공유할 수 있게 되었고 비영어권에서의 동영상 시청이 큰 폭으로 늘어나면서 더 많은 사람들이 TED의 강연을 접할 수 있게 되었습니다. 디지털 시대를 맞아서 인터넷 플랫폼을 통해 공유되면서 그 아이디어가 더욱 확산되고 증폭된 것입니다. 현재 TED의 강연 동영상은 TED 사이트를 통해 하루 평균 200만 명이 강연 영상을 시청하였으며, 2013년에는 누적 시청자 10억을 돌파했습니다.

TED강연 동영상을 인터넷에 무료로 공개하는 큰 결정에 대해 TED의 크리스 앤더슨은 이렇게 말합니다.

"결국 아이디어가 퍼지는 장소가 인터넷이 되었고 콘퍼런스는 아이디어의 엔진이 되었습니다. 큰 규모의 마케팅 예산이나 능력이 필요한 것이 아니었습니다."▲

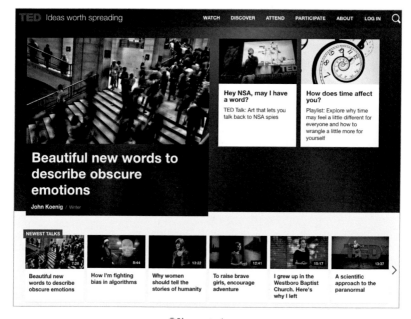

출처 www.ted.com

▲ TED, 웹비디오는 어떻게 전 세계에서 혁신을 움직이게 해주는가, goo.gl/XArqoR

아이디어의 더 큰 가치와 도전을 위해.
TEDx, TED Prize, TED-Ed

TED에는 매년 진행되는 TED 콘퍼런스 이외에도, 더 많은 아이디어의 공유와 확산을 위해 TEDx 라는 형식의 강연이 학교, 기업, 도서관 등에서 자발적으로 진행됩니다. TEDx 행사는 지역에서 사람들이 함께 모여 TED와 같은 경험을 위해 자발적으로 만들어진 프로젝트이지만, TED의 가이드라인에 따라 진행됩니다. TEDx의 가이드라인은 TED의 브랜드를 유지하기 위해 행사 명칭에서부터 진행, 라이선스, 후원사/홍보, 내용까지 꽤 구체적인 내용을 담고 있으며, 신청절차와 유지가 무척 까다롭습니다.

TED는 2005년부터 세상을 좀 더 살기 좋은 곳으로 바꾸기 위해 노력해온 사람들을 선정하여 상금을 주는 TED Prize 프로그램을 진행하고 있습니다. 이 프로그램의 특별한 점은 수상자에게 상금을 지급하는 것에서 끝나지 않고 수상자가 TED 콘퍼런스에서 메인 연사로 나와 '세상을 바꾸는 소원(One wish to change the world)'이라는 주제로 발표를 합니다. 그리고 콘퍼런스 참석자들은 이 소원을 이루게 하기 위해 자신이 할 수 있는 일들을 그 자리에서 제안하게 됩니다. 참가자들이 수상자의 활동에 직접 투자를 하거나 하드웨어와 소프트웨어, 홍보, 인프라 제공, 조언 등 다양한 형태로 도움을 약속하면, TED 운영자 측에서는 이러한 제안들이 잘 연결되어 수상자의 소원이 이뤄질 수 있도록 지속적인 운동을 전개합니다.

강연자의 아이디어의 발표에서 끝나는 흔한 강연회의 모습이 아니라, 그 아이디어(소원)가 실현될 수 있도록 콘퍼런스 참가자와 행사 관계자가 함께 힘을 모으는 모습은 TED 콘퍼런스의 하이라이트라고 할 수 있습니다. TED Prize는 2005년부터 매년 3명씩을 선정하여 10만 달러의 상금을 지급해오다가, 2013년부터는 보다 임팩트 있는 결과를 위해 1명의 수상자를 선정하고 상금을 대폭 올려 100만 달러의 상금을 지급하는 형태로 바뀌었습니다.

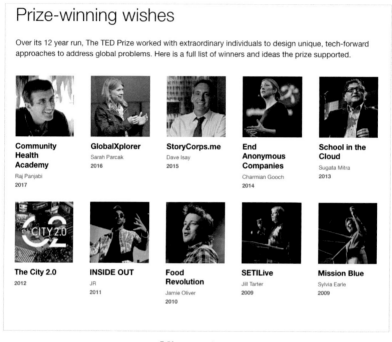

Prize-winning wishes

Over its 12 year run, The TED Prize worked with extraordinary individuals to design unique, tech-forward approaches to address global problems. Here is a full list of winners and ideas the prize supported.

Community Health Academy
Raj Panjabi
2017

GlobalXplorer
Sarah Parcak
2016

StoryCorps.me
Dave Isay
2015

End Anonymous Companies
Charmian Gooch
2014

School in the Cloud
Sugata Mitra
2013

The City 2.0
2012

INSIDE OUT
JR
2011

Food Revolution
Jamie Oliver
2010

SETILive
Jill Tarter
2009

Mission Blue
Sylvia Earle
2009

출처 www.ted.com

이외에도 TED에는 '학습 콘텐츠 공유(Lessons Worth Sharing)'를 모토로 하고 있는 TED-Ed 프로그램을 진행하고 있습니다. TED-Ed의 영상은 애니메이션과 강의 음성의 조합으로 제공되며, 영상뿐만 아니라 퀴즈와 상세한 내용이 함께 제공됩니다. 일반 사용자가 TED 강연이나 유튜브의 영상을 이용하여 관심 분야의 학습 콘텐츠를 직접 제작/편집할 수 있는 기능을 제공할 수도 있어 자신만의 학습 콘텐츠(예술, 디자인, 문학, 철학, 종교, 심리학, 수학 등)를 만들고 이를 다른 사람과 공유할 수 있습니다. 다른 사용자가 만들어진 학습 콘텐츠를 자신의 관심 분야에 맞게 다시 재편집하여 공유할 수도 있습니다.

혁신적인 아이디어가 공유되고 학습되어
또 다른 혁신이 일어나는 TED

혁신적인 아이디어를 발표하는 콘퍼런스나 지식을 전하는 행사는 인류가 시작된 이래 무수히 많은 형태로 존재했습니다. 그러나 디지털 콘텐츠로 대표되는 유튜브와 TED 등의 인터넷 동영상의 등장으로 특정 공간 내의 이벤트로 한정되었던 지식과 정보가 시간과 장소와 관계없이 공유될 수 있게 되었습니다. 특히 TED는 강연 영상과 번역 프로그램을 무료로 개방하여 수많은 사람들이 인터넷에 자발적으로 영상을 공유하고 소통하게 하는 등 디지털의 '구전효과'를 적극적으로 활용하였습니다. 이를 통해 온라인에서 관심 분야에 대해 지식을 공유하고 커뮤니티를 구성하여 서로 보고 서로 배우는 거대한 학습과 혁신의 공간이 될 수 있었습니다.▲

사이트

- TED, www.ted.com

▲ TED의 크리스 앤더슨은 이러한 모습을 '집단에 의해 가속된 혁신(crowd accelerated innovation)'이라고 정의합니다.

문화계의 작품들을 디지털화하다

코딩다빈치

"미술관과 도서관, 기록보관실, 박물관에서 소장한 자료를 디지털화하고 이를 문화 콘텐츠로 쉽고 재미있게 사용하도록 공개하자."

매일 엄청난 정보가 만들어지고 결합되는 시대지만, 모든 정보가 항상 새롭게 만들어지는 것은 아닙니다. 때로는 수백 혹은 수천 년 동안 인류가 축적한 과거의 역사와 문화 자료를 바탕으로 현재에 맞게 재해석되어 정보와 콘텐츠를 만들어내는 경우도 있습니다.

그러나 과거의 정보들은 대부분 활자와 필름 등의 아날로그의 방식으로 저장되어 있어 이를 제대로 보관하거나 검색하고 활용하기에 많은 어려움이 있습니다. 때문에, 과거의 정보를 활용해야 하는 프로젝트마다 정보를 검색하고 확인하는데 많은 시간을 소비하기도 하고 잘못된 정보로 인해 프로젝트를 원활히 진행하지 못하는 경우도 발생합니다. 때로는 엄청난 가치가 있음에도 오래된 창고 깊숙이 정보가 묻혀 있는 경우도 종종 있습니다.

만약, 가치가 있는 이러한 아날로그의 정보들을 디지털로 변환하여 저장과 검색 그리고 공유를 쉽게 한다면 어떠한 것들이 가능해질까요?

디지털로 재발견되는 문화유산의 가치

'코딩다빈치(Coding Da Vinci)'는 '문화계에서 소장한 작품들을 디지털화하자'라는 주제로, 지난 2014년 4월, 독일의 위키미디어와 열린지식재단(Open Knowledge Foundation), 문화유산 보호단체 등 5개의 비영리단체와 8개의 박물관들이 함께 시작한 프로젝트입니다. 문화계의 작품들을 디지털화하고 대중에게 공개함으로써 인터넷이나 모바일을 통해 그들의 문화 콘텐츠를 쉽고 재미있게 접하게 하고자 하는 데 프로젝트의 목적이 있습니다.

출처 codingdavinci.de

미술관이나 박물관에서 소장하고 있는 사진, 그림 등의 자료와 작품들을 스캔하여 이미지 파일로 저장하거나, 작품에 대한 설명과 작가명, 제작연도, 재질 등의 설명 정보를 메타데이터화하는 등 각각의 작품들을 다양한 형태의 디지털 포맷으로 만들었습니다. 이렇게 디지털화된 자료 중에는 미술 작품들뿐 아니라, 오래된 도시 개발, 주택과 관련한 건축물 사진과 설계도에서부터 식물과 곤충 표본 자료, 실기와 실험 연구 자료, 악기의 오디오와 비디오 파일, 역사 지도와 중세 원고 정보와 금서 목록 등 그 종류와 양이 매우 광범위합니다.

문화 콘텐츠의 공유와 확산을 위한 해커톤 프로젝트

이렇게 만들어진 디지털 데이터를 크리에이티브 커먼즈 라이선스(Creative Commons License)를 적용하여 누구나 무료로 사용하거나 편집과 재배포를 할 수 있도록 공개하였습니다.

> **참고** **오픈글램운동**
>
> 코딩다빈치는 열린지식재단의 오픈글램(openGLAM)운동과 그 뜻을 같이하고 있습니다. 오픈글램(GLAM)은 미술관(Galleries), 도서관(Libraries), 기록보관실(Archives), 박물관(Museums)의 첫 글자를 딴 단어로(openclam.org), 이들이 보유한 자료를 대중에게 공개하여 문화 콘텐츠를 확산시키자는 취지의 운동입니다.

코딩다빈치는 문화계의 작품들을 디지털화하여 공개하는 활동과 더불어, 공개된 디지털 데이터를 활용하여 온라인 서비스를 제작하는 해커톤 행사를 함께 진행하였습니다. 약 10주간 진행된 해커톤으로 공공 및 문화 분야의 다양한 프로젝트가 진행되었으며, 이후 매년 행사가 이어지면서 의미 있는 수많은 프로젝트 결과물이 나왔습니다. 그중 2014년 첫 행사에 나왔던 대표적인 프로젝트 결과물을 소개합니다.

인사이드 - 19XX (Inside - 19XX)

출처 codingdavinci.de

책 금지 목록 문서와 국립 도서관의 자료 등을 이용하여, 독일 나치 정권 때인 1938년부터 1941년 사이에 활동이 금지된 출판물과 작가의 정보를 제공하는 웹서비스입니다. 약 5,000여 개의 목록으로 개인 출판물과 간행물, 출판사의 정보, 작가정보까지 포함하고 있습니다. 활동이 금지된 작품들의 목록뿐 아니라, 작가와 그들이 활동한 지역 그리고 활동이 금지된 사유까지 정보를 다양하게 제공하고 있으며, 여러 차트와 도표, 지도 이미지를 사용하여 시각화함으로써 정보를 직관적으로 제공하기도 합니다. 유명한 작가들의 경우에는 활동내용을 지도상에 이야기와 연결하여 직관적으로 제공하기도 합니다.

옛 베를린(Alt-Berlin)

도시의 과거와 현재의 모습을 사진으로 비교해볼 수 있는 구글 지도 서비스의 '타임머신'기능처럼 1400년대부터 2000년대까지의 베를린시의 변화의 모습을 한눈에 볼 수 있는 모바일 앱 서비스입니다. 시간 흐름에 따른 해당 지역 건물들의 과거 사진을 표시하거나 1650년대의 지도와 현재 지도를 겹쳐서 비교해보고 과거 사진과 현대의 사진을 비교해볼 수 있는 등 베를린시의 변화되는 모습을 확인할 수 있습니다. 또한, 지도 위에 사진 이외에도 그 당시의 건물과 지역에 대한 설명도 함께 표시하고 있어 소중한 지역 정보를 제공하고 있습니다.

딱정벌레 로봇(Cyberbeetle)

출처 codingdavinci.de

자연사 박물관과 식물원에서 제공한 곤충표본 자료를 이용하여 딱정벌레 모양의 미니로봇을 제작하였습니다. 이 로봇은 딱정벌레처럼 실제 움직이기도 하고 뮤직비디오에 맞춰 반응하기도 하는 등 재미있는 모습을 보여줍니다. 뮤직비디오에 사용된 음악 역시 공개된 동물 소리 자료로 음악을 만들었습니다. 우리는 문화/예술 분야에서 동식물의 모습을 그림을 그리거나 전통복장을 구현하려 할 때 보통 인터넷 검색으로 자료를 참고하는 경우가 많습니다. 그러나 간혹 잘못된 정보로 원치 않은 결과가 나오기 때문에 정보 검색에 많은 시간을 들이거나 직접 자료를 구해야 합니다. 딱정벌레 사례처럼 문화계에서 정확한 정보를 제공한다면 정확한 참고자료를 쉽게 구할 수 있을 듯합니다.

유로피아나(Europeana)

코딩다빈치가 문화자료의 디지털화를 위한 가장 최근에 진행된 프로젝트였다면, 그보다 먼저 유럽의 여러 나라들이 참여하여 그들의 문화유산들을 디지털화하고 있는 '유로피아나'라는 프로젝트가 있습니다.

유로피아나는 문화를 생각하다(Think Culture)라는 슬로건을 걸고 유럽의 문화유산 자료인 이미지와 글, 음악 등의 자료를 디지털화하여 저장하는 '문화유산 디지털 아카이브' 프로젝트입니다. 구글의 디지털도서관 아카이브 프로젝트에 대항하여, 유럽의 6개 나라(프랑스, 폴란드, 독일, 이탈리아, 스페인, 헝가리)의 제안으로, 2008년에 프로젝트를 시작했습니다. 독일, 프랑스, 스웨덴 등 유럽의 40여 개국의 2,300여 기관이 참여했고, 현재 약 4,000만 건의 문화유산 자료들이 등록되어 있습니다. 이들은 등록된 데이터를 외부에서 쉽게 사용하기 쉽도록 OpenAPI를 제공하고 있으며, 등록된 자료에 퍼블릭 도메인인 CC0의 라이선스를 적용하여 상업적인 제한 없이 누구나 사용할 수 있도록 권장하고 있습니다. 이 덕분에 OepnAPI 와 데이터를 활용하여 약 200여 개의 서비스들이 만들어졌습니다.

사이트

- 코딩다빈치 프로젝트, codingdavinci.de

내가 낸 세금은 어디에 쓰일까?

웨어더즈마이머니고

"세금의 쓰임을 명확히 함으로써 정부 행정의 투명성을 확 보할 수 있습니다."

최근 몇 년 사이에 정부나 기업, 조직의 데이터를 소유하는 것이 아닌, 공개를 통해 새로운 가치를 찾기 위한 움직임이 확산되고 있습니다. 특히 공공영역의 데이터 공개가 활발하게 일어나면서, 국내에서도 정부와 지방자치단체 등에서 공공데이터 오픈에 대한 사업을 추진하고 있습니다. 그로 인해 공공영역의 오픈데이터의 양이 많이 증가하였으며, 시민들의 관심도 점차 많아지고 있습니다.

'공공 영역의 오픈 데이터'는 '오픈 데이터(open data)'와 '정부 데이터 (government data)의 조합으로, 일상생활의 데이터부터 정치, 문화, 예술, 산업, 과학에 이르기까지 매우 다양합니다. 그러나 다양한 공공데이터에서 시민들이 가장 관심을 갖는 부분은 아마도 '내가 낸 세금을 정부가 얼마나 효율적으로 잘 사용하는지'일 것입니다.

내가 낸 세금은 어떻게 쓰일까?

웨어더즈마이머니고(Where Does My Money Go?) 프로젝트는 이러한 세금 사용에 대한 시민들의 궁금증을 해소하고 나아가 시민이 정부 정책에 많은 관심을 갖도록 하기 위해 영국 '열린지식재단'에서 실행한 프로젝트입니다.

영국의 중앙정부와 광역자치단체에서 공개한 세금사용 데이터를 이용하여 온라인 서비스로 만들어진 프로젝트로, 영국 시민들이 자신이 낸 세금이 어디에 어떻게 쓰이는지 그래프와 차트 등의 시각화를 통해 쉽게 이해할 수 있도록 하고 있습니다. 서비스도 무척 직관적으로 구성되어 있어서, 해당 사이트에 접속해서 자신의 소득을 입력하면 자신이 내야 하는 세금이 계산되어 나오고 그 세금이 교육, 문화, 교통, 국방 등 분야별로 매일 얼마나 쓰이는지 시각화된 아이콘으로 쉽게 알 수 있습니다. 또한, 영국의 광역자치단체별로 세금이 어느 분야에 얼마만큼 사용되고 있는지에 대한 정보 역시 시각화로 쉽게 알 수 있습니다.

2014년에는 국내의 자발적인 시민개발 그룹인 '코드포서울' 팀을 통해서 광역자치단체의 2013년 세금사용 데이터를 이용하여 웨어더즈마이머니고 서비스의 한국판이 만들어졌습니다.

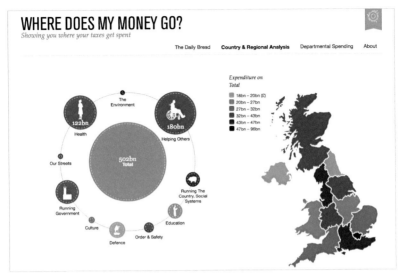

출처 wheredoesmymoneygo.org▲

세계 여러 나라의 세금 사용 정보를 모으자, 오픈스펜딩

이렇게 시민의 요구를 맞춘 웨어더즈마이머니고와 같은 서비스는 세계 여러 나라의 예산 및 세금 사용 정보 자료를 구축한 오픈스펜딩(Open Spending) 플랫폼을 활용하여 구축을 할 수 있었습니다. '열린지식재단'에서 함께 실행하고 있는 '오픈스펜딩'은 정부의 예산과 세금의 사용 정보 자료를 구축하여 시민에게 공개하고 공개된 데이터를 다양하게 사용할 수 있도록 돕는 프로젝트입니다. 세금 정보 공개를 합의한 국가와 도시, 정부기관 등의 다양한 공공영역의 세금 사용 데이터를 온라인 플랫폼

▲ 2019년 3월 현재 app.wheredoesmymoneygo.org 주소만 접속 가능합니다.

(openspending.org)을 통해 제공하고 있습니다.

이곳에 등록된 세금 사용 정보는 모두 사용자가 직접 올린 자료로, 현재 미국, 영국, 독일, 일본을 비롯해 약 70여 개 국가의 900여 종류의 데이터가 등록되어 있습니다. 데이터 수집 참여가 가장 활발한 국가는 일본이며, 독일과 프랑스, 스페인 순입니다. 아쉽게도 우리나라는 아주 적은 데이터만이 등록되어 있습니다.

오픈스펜딩에서는 세금 사용 정보를 직접 업로드하거나 등록된 자료를 조회할 수 있을 뿐 아니라, 업로드한 자료를 오픈 API▲로 자동으로 변환하여 줍니다. 오픈 API를 사용하여 등록한 자료를 도표나 인포그래픽 등으로 보기 쉽게 시각화하거나 웨어더즈마이머니고 등의 외부 온라인 서비스에서 쉽게 활용할 수 있도록 하고 있습니다.

오픈스펜딩을 통해 전 세계의 세금 사용 정보를 공유함으로써 도시와 나라 간의 예산과 지출내역 등을 비교해볼 수 있으며, 자신의 세금이 어디에 어떻게 쓰이는지 알 수 있게 됩니다. 적극적인 사용자라면 등록된 자료를 이용하여 웨어더즈마이머니고와 같은 서비스를 제작할 수도 있겠지요. 이러한 활동을 통해 세금의 쓰임을 명확히 함으로써 정부 행정의 투명성을 확보할 수 있습니다.

▲ Application Programming Interface, 다른 응용프로그램에서 사용할 수 있도록 운영체제나 프로그래밍 언어가 제공하는 기능을 제어할 수 있게 만든 인터페이스 형식을 말합니다.

코드포서울 투명성 프로젝트

출처 transparency.codenamu.org

'지켜보고 있다. 대한민국 재정'은 국가 재정의 투명성을 높이기 위한 정부와 시민의 협력으로 진행된 프로젝트입니다. 안전행정부와 한국정보화진흥원, 오픈 커뮤니티인 코드나무(Codenamu)와 코드포서울(Code for Seoul), 민간기업, 언론 등 기업/단체, 그리고 수많은 시민 참여자들이 함께 참여하여 공개된 정부의 재정 정보의 이해를 돕거나 재정 데이터를 보다 쉽게 활용할 수 있도록 데이터 저장, 데이터 분석, 시각화 등의 프로젝트와 더불어 오프라인에서 해커톤을 진행하였습니다.

영국의 웨어더즈마이머니고의 한국 버전과 지방 예산 관련 데이터를 통해 지도와 그래프를 이용한 '우리 지역 채무 탈출' 프로젝트, 지방정부의 재정

자립도 시각화 프로젝트, 그리고 2015 우리나라 세출 예산(beta.codenamu.org/2015-korea-budget) 등이 이 프로젝트를 통해 만들어진 대표적인 사례입니다.

사이트

- 오픈스펜딩 프로젝트, openspending.org
- 코드포서울(Code for seoul) 투명성 프로젝트, transparency.codenamu.org

▼

모든 것을 나누고 공유하라

크리에이티브 커먼즈

"웹을 통해 공유한다는 것은 무언가를 포기하는 것이 아니라 다른 사람들과 함께 또 다른 새로운 것을 만들 수 있다는 것을 뜻합니다."

크리에이티브 커먼즈(Creative Commons, CC)는 저작권의 부분적 공유를 목적으로 2001년 설립된 비영리단체입니다. 하버드 로스쿨의 교수이자 사회운동가인 로런스 레식(Lawrence Lessig) 교수가 당시 미국의 저작권 보호 기간을 기존 50년에서 20년을 추가로 연장하는 '소니 보노 저작권 보호 기간 연장 법안(Sonny Bono Copyright Term Extension Act, 이하 '소니 보노 법안')'을 통해 불거진 문제를 해결하기 위해 샌프란시스코에서 시작한 단체입니다.

저작권의 보호 vs. 창작활동의 제약

'저작권(카피라이트, Copyright)'이란 창작자가 만든 저작물의 권리를 일정기간 법으로 보호함으로써 창작문화를 발전시키는 것을 목적으로 하고 있습니다. 창작물에 대한 권리를 부여함으로써 창작활동이 활성화되고 이는 궁극적으로 사회적 이익을 얻을 수 있다는 논리에 근거를 두고 있습니다. 그러나 일부 기업의 지나친 저작권 보호로 인해 창작활동에 제약이 생기면서 저작권을 보호하려는 기업과 이용자 사이에 많은 갈등이 생겼습니다. 기업들은 저작권을 저작물을 보호하기보다, 불법을 막는 식으로 접근했기 때문입니다. '허락받아라, 안 그러면 큰일 난다(Get permission, or die)'라는 식이었죠. 그러나 미국정부는 '소니 보노 법안'의 통과로 저작권 보호기간을 연장함으로써, 오히려 저작권을 강화하려는 기업에 손을 들어주게 됩니다.

'소프트웨어의 특허'에 대해서 '오픈소스와 혁신에 위협이 된다'고 주장하며 오픈소스와 카피레프트(Copyleft)' 운동을 지지하던 로런스 레식 교수는 '소니 보노 법안'의 통과로 이를 통한 저작권의 횡포(?)에 대항하고자 2001년에 크리에이티브 커먼즈 단체를 설립하고 이듬해인 2002년 12월 저작권 라이선스인 크리에이티브 커먼즈 라이선스를 만들어 배포하였습니다.

> **참고**
>
> 기존의 미국의 저작권 보호 기간은 '저작자 사후 50년'이었으나 1998년에 '소니 보노 법안'이 통과되면서 '저작자 사후 70년'으로 늘어나게 됩니다. 이 법안은 유럽연합 회원국들이 저작권 보호기간을 연장한 것에 대해 미국의 불이익을 막아야 한다는 명분으로 시작되었으나, 일부에서는 미국 디즈니 사에 연간 막대한 수익을 안겨주는 애니메이션 캐릭터인 '미키마우스'와 '곰돌이 푸'의

저작권 만료를 앞두고 저작권을 연장하기 위한 법안으로 보고 있습니다. 실제로 이 법안의 통과로 2004년에 저작권이 만료되는 '미키마우스' 캐릭터는 2024년까지 저작권 보호를 받게 되었습니다. 이러한 이유로 일부에서는 '소니 보노 법안'을 '미키마우스 보호법'으로 비아냥대며 부르기도 합니다.

크리에이티브 커먼즈 라이선스의 적용이나 자발적인 공개 등으로 저작물을 공개하여 공공자산화가 되면 우리 사회에 어떠한 이득이 생길까요? 아마도 '셜록 홈즈'와 '테슬라'가 그 대표적인 사례일 것입니다.

1988년 작가 '아서 코난 도일'의 소설 '셜록 홈즈'의 두 주인공, 셜록 홈즈와 존 왓슨은 오래된 작품임에도 그동안 미국 내에서 저작권의 보호를 받고 있었습니다. 그래서 이 두 주인공을 책에서 사용하려면 저작권료를 내야 했습니다. 하지만 지난 2013년 미국 법원이 두 주인공에 대해 저작권 해제 판결을 내리면서, 이제는 누구나 셜록 홈즈의 매력적인 두 주인공이 등장하는 다양한 형태의 드라마와 영화, 책을 만나볼 수 있게 되었습니다.

또 다른 사례로, 전기자동차를 만든 혁신기업인 '테슬라 모터스(Tesla Motors)'가 지난 2014년 6월 자사가 보유한 전기자동차의 특허를 무료로 공개하였습니다. 특허 침해 소송이 많이 일어나는 전기자동차 분야에서 이례적인 일이었습니다. 테슬라 모터스는 '우리의 특허는 모두의 것이다. 보다 나은 전기자동차의 개발을 위해 특허를 개방한다'라며, 보유한 기술의 특허권으로 시장을 독점하기보다는 기술을 공개하여 이를 통해 다른 회사들도 전기자동차를 개발할 수 있도록 한 것입니다.

자신의 창작물을 인류의 공동자산화하는
크리에이티브 커먼즈 라이선스

크리에이티브 커먼즈는 온라인이 가진 공유와 확산, 협업 등의 장점을 사용해 더 많은 창의성과 지식 공유를 만들어나가는 활동을 합니다. 그 대표적인 활동이 CCL(Creative Commons License)▲입니다. CCL은 특정 조건에 따라 창작자가 자발적으로 저작물 배포를 허용하는 저작권 라이선스 규칙으로, 창작자에게 부여되는 저작자의 권리를 최소화하고 자신의 창작물을 많은 사람들이 사용할 수 있도록 공개하는 개념입니다. 창작자가 자신의 창작물을 스스로 공개하고 공유된 창작물 이용하여 새로운 창작물을 만들어내는 생태계 형성을 지향하고 있습니다.

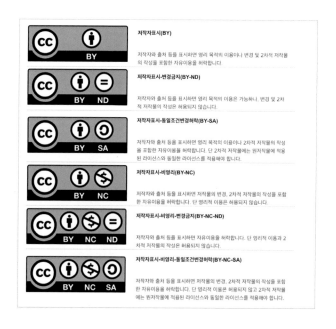

▲ 현재 2013년 11월에 개정된 CCL 4.0이 국제적으로 사용되고 있습니다.

CCL은 음악, 이미지, 영상, 데이터, 책, 문서 등 모든 콘텐츠에 붙일 수 있습니다. 라이선스를 적용할 때는 저작자 표시(BY), 비영리 사용(NC), 변경 금지(ND), 동일조건 변경 허락(SA) 등의 항목을 통해, 일반적으로 6가지 종류의 라이선스를 선택하여 적용할 수 있습니다.

CCL은 세계적으로 적용되는 자유 이용 라이선스로, 기존의 저작권 라이선스와는 다른 특징을 가지고 있습니다.

첫째, 자유로운 이용을 장려함과 동시에 저작권자의 권리를 보호합니다.

둘째, 컴퓨터프로그램을 제외한 모든 저작물에 사용할 수 있습니다.

셋째, 저작권법에 의하여 효력이 뒷받침됩니다.

넷째, 누구나 무료로 사용할 수 있습니다.

다섯째, 전 세계적인 라이선스 시스템으로 다른 나라의 CCL도 쉽게 이해하고 활용할 수 있습니다.

현재 10억 개의 CCL이 전 세계에 퍼져 있으며 다양한 온라인 서비스를 통해 만나볼 수 있습니다.

- **위키백과(wikipedia.org)** 전 세계인이 만드는 온라인 백과사전인 '위키백과'의 거의 모든 콘텐츠는 '저작자표시-동일조건변경허락(CC BY-SA)'의 CCL로 공개되어 있어, 사용조건을 지키면 누구나 정보를 이용할 수 있습니다.

- **플리커(flickr.com)** 야후에서 운영하는 세계적인 사진 서비스로, 사진의 저작자가 자발적으로 CC 라이선스를 적용할 수 있습니다. CCL이 적용된 사진만을 간편하게 검색하여 찾아볼 수 있는 기능을 제공하고 있습니다.

- **자멘도(jamendo.com)** 유럽에서 시작하여 세계적으로 성장한 음악공유 웹 사이트로, 등록된 대부분의 음악에는 CCL이 적용되어 비영리로 자유롭게 이용이 가능합니다.

- **오픈 액세스(Open Access)** 학문과 연구를 획기적으로 발전시키기 위해 학술논문을 개방하자는 운동입니다. 구글 등의 검색엔진에서 CCL이 적용된 논문을 찾을 수 있습니다.

창작과 나눔으로 모두가 함께하는 즐거운 세상을 꿈꿉니다, 크리에이티브 커먼즈 코리아

미국에서 시작된 크리에이티브 커먼즈는 유럽과 아시아 등 약 70여개국에서 함께하는 글로벌 조직으로, 각국의 저작권법과 언어, 디지털환경을 바탕으로 CCL을 도입하고 다양한 프로젝트를 함께하는 글로벌 커뮤니티로 활동하고 있습니다. 우리나라에서는 2005년 3월 한국정보법학회의 프로젝트로 CC코리아(Creative Commons Korea)가 시작되었으며, 2009년 1월 사단법인으로 등록되어 CCL의 보급 활동을 진행하고 있습니다. CCL의 보급과 함께 참여와 개발, 공유의 창작문화를 형성하고자 예술, 학술, 공공, 교육, 미디어 등 다양한 분야에서 활동하는 영역들을 소개하고 연결하고 있으며, 이를 위해 세미나와 워크숍, 프로젝트 사이트 구축 등 다양한 활동을 진행하고 있습니다.▲

CC코리아의 주요 프로젝트로는 Let's CC 와 코드나무가 있습니다.

- **Let's CC (letscc.net)** CCL 콘텐츠를 쉽게 검색할 수 있는 검색 서비스로, 플리커, 비메오 등의 서비스에서 사용자가 업로드한 사진이나 동영상의 CCL 자료를 검색할 수 있습니다.
- **코드나무(codenamu.org)** 열린정부를 위한 올바른 공공정보 개방과 개방된 공공정보를 활용해서 공익 서비스를 시민이 직접 만드는 코드포서울(Code for Seoul)을 운영합니다.

사이트

- 크리에이티브 커먼즈, www.creativecommons.org
- 크리에이티브 커먼즈 코리아, www.cckorea.org
- Creative Commons License (CCL), www.creativecommons.org/licenses/?lang=ko

---

▲ 2016년에 CC코리아는 사단법인 C.O.D.E.(공유(Commons), 개방(Openness), 다양성(Diversity), 참여(Engagement))로 새롭게 변경되었습니다.

인류에게 중요한 자료를 디지털화하자

구텐베르크 프로젝트

"가능한 많은 책을 가능한 많은 형태로 전 세계에 제공하여 문맹과 무지를 퇴치하자."

15세기 발명된 구텐베르크의 금속활자는 유럽 전체로 빠르게 전파되면서 인쇄술을 발전시켰습니다. 인쇄술의 발달은 지식과 정보의 대량 복제를 가능하게 함으로써 일부 특권층이 점유했던 지식을 대중에 확산시키는 계기가 되었습니다. 지식이 대중에게 확산되면서 책의 르네상스 시대가 열렸고 다양한 지식과 문화를 담은 책들이 쏟아져 나왔습니다.

시간이 흘러, 우리는 디지털 활자의 시대에 살고 있습니다. 모든 정보가 디지털형태로 저장되어 보관과 검색이 용이해졌으며, 인터넷을 통해 정보를 쉽게 전달할 수 있게 되면서, 더 빠르고 간편하게 정보를 접할 수 있게 되었습니다. 그러나 오래 전에 발간된 책들 중에는 소중한 역사적 가치를 가지고 있지만 창고에 쌓여있어 제대로 빛을 보지 못하고 있습니다.

인류의 모든 중요 자료를 디지털화하다

'구텐베르크 프로젝트(Project Gutenberg)'는 이렇게 오래전 발간된 책들을 디지털형태로 저장하고 전 세계에 무료로 배포함으로써 정보로서의 가치를 다시 찾게 하자는 목적의 프로젝트입니다. 1971년 대학생이었던 마이클 하트(Michael Hart)가 자신이 제작한 전자책('미국 독립선언서'의 전자책으로 세계최초로 제작된 전자책입니다)을 사이트에 올리면서 시작되었습니다.

구텐베르크 프로젝트에 등록된 전자책은 고전문학과 같이 저작권 시효가 만료된 자료나 마이클 하드의 자료처럼 저작권자가 저작권을 승인해준 자료들입니다.▲ 등록된 전자책 대부분은 영문 작품으로 소설과 시, 드라마 등의 문학이 대부분이며 이외에도 사전이나 요리책, 정기간행물 등의 자료도 일부 포함되어 있습니다. 또한, 악보나 오디오 파일도 일부 등록되어 있고 있으며 최근에는 CD나 DVD 등의 광학매체에 담긴 자료를 ISO 파일로 전환하여 제공하기도 합니다.

놀라운 것은 구텐베르크 프로젝트에 등록된 자료의 대부분이 전 세계의 수많은 자원봉사자들의 참여로 이루어졌다는 것입니다. 사이트에는 현재 59,000건의 전자책이 등록되어 있고 매주 50여 권의 새로운 전자책이 등록되고 있는데, 모두 자원봉사자들의 참여로 등록되고 있습니다.

▲ 저작권을 어기면서까지 자료를 제공한다면 법적인 문제는 물론 프로젝트의 좋은 취지가 퇴색될 수밖에 없기 때문입니다.

자원봉사자들이 저작권이 해결된 인쇄자료를 직접 스캔하여 사이트에 등록하면 OCR▲ 등을 통해 디지털로 전환합니다. 이때 등록되는 자료의 신뢰성을 위해 자원봉사자의 스캔 자료를 검증하는 시스템(Distributed Proofreaders, www.pgdp.net)을 별도로 도입했습니다. 전환된 자료는 텍스트 파일(TEXT)이나 HTML 등의 복수의 파일형식으로 사이트에 제공됩니다. 최근에는 전자책의 보급으로 전차책 기기(아마존 킨들 등) 파일형식인 mobi, epub의 형식도 함께 제공하고 있습니다.

참고

아이디어회관 SF 직지 프로젝트 1999

'새로운 세기를 앞두고 순수한 아마추어들이 모여 다음 세대에게 우리 세대가 어린 시절에 가졌던 꿈을 물려주자'라는 취지로 1970년대에 '아이디어회관'이라는 출판사에서 아동용으로 출판된 60권짜리 SF 전집을 디지털화하여 CD-ROM으로 만드는 국내 프로젝트입니다. 1999년 3월 20일에 시작하여 많은 참여와 관심 속에 1년간 진행되어 2000년 5월 5일 어린이날에 마무리되었습니다(sf.jikji.org).

아오조라 문고

일본의 저작권이 풀린 문학작품을 디지털화하여 인터넷에 공개하는 프로젝트입니다. 저작권이 해결된 일본 근대사의 문학작품과 저작권이 허용된 현대작품, 외국 번역 작품 등 1만 권이 넘는 작품이 등록되어 있습니다(www.aozora.gr.jp).

사이트

- 구텐베르크 프로젝트, www.gutenberg.org

▲ Optical character recognition, 광학 문자 인식. 문자나 영상을 이미지 스캐너를 통해 기계가 읽을 수 있는 문자로 변환하는 장치 또는 소프트웨어.

사회 혁신을 위해 데이터는 공개되어야 합니다

열린지식재단

"정부 데이터의 공개는 혁신을 주도하고 시민이 권리를 알고 행사할 수 있게 하며, 교통에서 교육과 의료에 이르기까지 사회 전반에 혜택을 가져오게 합니다."

열린지식재단(Open Knowledge Foundation)▲은 정부기관과 사회의 투명성을 위해 정보가 담긴 데이터를 공개하고 공개된 데이터를 시민들이 이해하기 쉽게 가공하는 등 디지털 시대의 '데이터 공개(open data)'를 위한 활동하는 비영리단체로 2004년 영국에서 출범하였습니다.

▲ '열린지식재단'은 2014년에 'Open Knowledge'로 명칭을 변경해 '열린 지식'으로 표기하여야 하나 이 책에서는 일반 명사와의 혼동을 방지하기 위해 '열린지식재단'으로 표기합니다.

정부, 과학, 디자인/하드웨어 분야는 물론, 교육과 문화예술, 인문학, 언어학, 출판 그리고 개인정보보호 등 19개의 다양한 분야에서 '데이터 공개'를 위한 프로젝트와 캠페인을 진행하고 온라인 플랫폼을 운영하는 등 여러 활동을 펼치고 있습니다. 현재 독일과 오스트리아, 그리스, 스페인, 핀란드, 브라질 등 10개의 글로벌 네트워크와 캐나다, 인도, 미국, 이탈리아, 남아프리카, 일본, 한국 등 50여 개가 넘는 국가의 지역 그룹 등의 네트워크를 형성하여, 전 세계에서 광범위하게 활동하고 있습니다.

출처 okfn.org

공개 데이터, 누구나 제약과 차별 없이 사용하다

열린지식재단에서 말하는 '데이터 공개'는 '데이터와 정보, 내용을 모든 사람이 자유롭게 사용하고 저장-편집, 재배포가 가능한 것'으로 정의하고 있습니다. 다시 말해 데이터 정보를 일방적으로 공개하는 것이 아니라, 사람들이 편집하고 재배포할 수 있도록 공통된 표준 양식에 따라 데이터를 정리하여 배포하는 것을 의미합니다.

표준화된 데이터 공개를 위하여 열린지식재단에서는 '데이터 공개'를 정의하고 배포 형식을 정리한 오픈데이터 핸드북(The Open Data Handbook)을 제작하여 전 세계 22개국의 언어로 제공하고 있습니다. 오픈데이터 핸드북에서는 '데이터공개'를 다음과 같이 구체적으로 정의하고 있습니다.

- **이용성과 접근(Availability and Access)** 공개된 데이터는 전체가 이용 가능해야 하며, 가능하면 인터넷에서 다운로드할 수 있어야 한다. 또한, 편리하고 수정 가능한 형태로 제공되어야 한다.
- **재사용과 재배포(Re-use and Redistribution)** 공개된 데이터는 서로 다른 데이터와 결합되는 것을 포함하여 재사용과 재배포를 허용하는 조건으로 제공되어야 한다.
- **보편적 참여(Universal Participation)** 누구나 데이터를 사용/재사용 및 재배포할 수 있어야 한다. 활동분야나, 특정한 사람과 그룹에 대한 차별이 없어야 한다. '비상업적' 제한조건이나 특정한 목적에 한정된 사용조건은 허용되지 않는다(예 : 상업적 사용제한, 교육적 목적에 한정 등).

데이터 공개를 위한 열린지식재단의 프로젝트

열린지식재단은 그들이 정의한 '데이터 공개'를 통해 데이터를 누구나 사용하고 쉽게 이해할 수 있도록 하는 활동을 하고 있습니다. 특히 정부의 예산과 지출 데이터를 한눈에 보여주거나, 공공데이터 관리에 필요한 플랫폼이나 데이터시각과 프로그램을 개발하여 배포-운영하는 것이 열린지식재단의 대표적인 활동입니다.

오픈스펜딩(OepnSpending), 웨어더즈마이머니고(Where Does My Money Go?)

오픈스펜딩은 정부의 예산과 세금의 사용 정보 자료를 시민에게 공개하고, 공개된 데이터를 다양하게 사용할 수 있도록 돕는 프로젝트입니다. 온라인플랫폼(openspending.org)을 통해, 세금 정보 공개에 동참하는 세계 여러 나라의 다양한 세금 사용 정보가 등록되고 있습니다. 웨어더즈마이머니고(Where Does My Money Go?)는 이렇게 등록된 세금 사용 정보를 시민들이 이해하기 쉽게 시각화한 프로젝트입니다. 20여 국가에서 같은 형식으로 프로젝트 사이트를 만들어 동참하였습니다.

칸(CKAN, Comprehensive Knowledge Archive Network)

칸(CKAN)은 열린지식재단의 가장 대표적인 프로젝트로, 정부와 기관등의 공공데이터 구축과 확산을 돕기 위한 플랫폼입니다(CKAN.org). 정부와 기관등의 '데이터 포털 서비스' 구축을 위해 대규모 데이터의 등록과 관리를 위한 다양한 기능과 검색, API 등을 소프트웨어 형태로 제공하고 있으며, 온라인 서비스 운영을 위한 서버 호스팅과 데이터 관리, 구축을 위한 개발교육을 함께 제공하고 있습니다. 오픈소스 소프트웨어로 제공되는 칸은 지금까지 약 45,000건이 다운로드되었으며, 영국(data.gov.uk)과 미국(data.gov)을 비롯하여 전 세계 20여 국가의 중앙정부와 120여 개 기관과 단체들이 칸을 활용하여 공공데이터 포털 사이트를 구축했습니다.

비밀 계약을 멈춰라(Stop Secret Contracts, stopsecretcontracts.org)

2014년 2월에 시작된 이 캠페인은 정부의 투명성을 확보하기 위해 정부의 공공사업 진행을 위한 계약에서 발생하는 모든 문서와 지출 내역을 공개하자는 캠페인입니다. 열린지식재단에 따르면, 전 세계적으로 매일 250억 달러가 국가에서 진행하는 계약 금액으로 사용되고 있는데, 불공정한 계약으로 인해 금액이 비리 자금에 사용되고 있다고 합니다. 아프리카에서는 매년 1,480억 달러가 부정부패로 인해 손실되고 있으며, 유럽도 매년 1,200억 유로가 부정부패에 사용되는 것으로 추정됩니다. 가장 큰 규모의 예산이 집행되는 국방계약의 경우, 대표적인 비밀계약이 진행되며 이 계약에서 발생하는 부정부패로 연간 20억 달러가 손실되는 것으로 추정하고 있습니다. 열린지식재단은 공공데이터 시스템을 이용하여 정부에서 진행하는 계약 과정을 모두 공개하면, 정부사업의 계약과정에서 발생하는 부정, 부패 등의 불공정 거래를 막을 수 있다고 설명합니다. 이 캠페인은 자문그룹인 오픈컨트랙팅(Open-contracting.org)과의 협력을 통해 정부의 계약 내용 공개와 관리를 어떻게 하는지 파악합니다. 시민들의 도움을 받아 투명하지 않은 거래에 대해 제보를 받고 소셜미디어를 통해 널리 알림으로써 거래를 개선하도록 합니다.

이 밖에도 기업의 정보 공개를 위한 기업가와 개발자를 지원하는 '앱스포유럽(Apps for Europe)', 시민단체와 기자, 시민들이 데이터를 사용할 수 있도록 교육하는 '스쿨포데이터(School of Data), 문화예술 분야의 자료를 대중에게 공개하여 문화 콘텐츠를 확산시키자는 오픈글램(OpenGLAM) 등의 프로젝트를 진행하고 있습니다.

데이터가 세상을 바꾸는 방법

열린지식재단은 '데이터 공개'를 통해 시민과 사회에 변화와 혁신을 줄 수 있다고 설명합니다. '데이터 공개'는 개인과 시민의 삶의 질에 개선을 가져오며, 좀 더 적극적으로 사회에 참여하도록 도와줍니다. 2009년 한 고등학생이 서울과 경기지역의 버스 정보 데이터를 이용하여 버스 노선과 도착시각을 알려주는 '서울버스' 앱을 만들어 수많은 시민들이 편리하게 사용한 사례가 있습니다. 덴마크의 한 여성은 공공 화장실정보를 보여주는 웹 서비스 (www.findtoilet.dk)를 개발하였고 이를 통해 요실금이나 방광 등 건강에 문제가 있는 사람들이 마음 편히 외출할 수 있도록 도와준 사례도 있었습니다.

'데이터 공개'는 정부가 진행하는 행정의 투명성과 효율성을 가져오기도 합니다. 부서가 가진 데이터를 온라인에 공개하여 많은 질문을 해결하고 업무량과 비용도 줄이고 시민들과의 협력을 이끌어낸 사례가 많이 있습니다. 정부의 세금이 어떻게 사용되는지, 의회활동과 법안의 입법과정이 어떻게 진행되는지 모두 공개되므로 행정의 투명성이 확보될 수도 있습니다.

이렇게 공개된 '데이터 공개'는 경제적 측면에서도 사회적/경제적 가치를 창출하는 많은 협력 사례들을 보이고 있으며, EU에서만 연간 수백억 유로의 가치를 창출하는 것으로 평가되고 있습니다.

사이트

- 오픈스펜딩 프로젝트, openspending.org
- 오픈데이터 핸드북, opendatahandbook.org

3장
사회문제를 시민 스스로 해결하다
시민 참여와 협업

"참여, 공유, 확산이라는 디지털의 특성을 통해, 시민이 직적 참여하여 '집단지성'의 힘으로 사회문제를 더 빠르고 더 효율적으로 해결할 수 있습니다."

인터넷과 소셜미디어로 시간과 공간의 제약이 사라졌습니다. 언제 어디서나 사람과 사람이 연결되고 정보와 이슈가 공유되고 확산되면서 사람과 정보가 연결된 네트워크가 형성되었습니다. 2018년을 기준으로 전 세계 인구 절반이 넘는 39억 명에 육박하는 사람들이 인터넷을 사용하고 있습니다. 대표적인 소셜네트워크서비스인 페이스북의 사용자가 22억 명을 넘어섰고 사진을 공유하는 소셜네트워크서비스인 인스타그램 역시 매달 10억 명이 넘는 사람들이 사용하고 있습니다. 즉, 엄청난 수의 사용자들이 서로 연결되어 정보를 공유하고 있습니다.

디지털 시대, 사람과 정보가 연결된 네트워크를 통해 시민의 참여와 공유, 확산이 가능해졌습니다. 디지털을 활용하여 시민이 도시문제에 참여하고 사회이슈를 전 세계에 확산시키며, 대규모 협력으로 지도정보를 업데이트하거나, 방대한 분량의 자료수집과 데이터분석을 해결합니다. 이제, 조직과 사회 그리고 국가가 해결하지 못하는 이슈들을 참여와 협업으로 해결할 수 있게 되었습니다.

과거, 피라미드를 건설하거나 인류가 달에 착륙하기 위해서 약 10만 명의 사람들이 참여하고 협력했다고 합니다. 10만 명의 협력과 노력으로 인류를 달에 보낼 수 있었다면 전 세계 30억 인터넷 사용자가 더 나은 세상을 위해 협력할 때 어떤 변화들이 가능할까요? 상상만으로도 가슴이 두근거립니다.

▼

도시문제를 시민이 해결하다
코드포아메리카

"정부는 시민들에 의해서 만들어져야 한다고 생각합니다.
우리는 그들을 시민해커(civic hacker)라고 부릅니다."

코드포아메리카(Code for America)는 시 정부가 IT를 통해 도시문제를 해결할 수 있도록 돕기 위해 2009년에 조직된 미국의 비영리단체입니다. IT를 통한 도시의 문제 해결에 있어 시정부가 일방적인 주도로 진행하는 방식에서 벗어나 시민이 직접 참여하여 함께 논의하고 해결해나갈 수 있도록 '프로젝트 TF'를 구성하여 시 정부와 시민의 자원을 서로 연결하고 조정하는 중간지원 조직의 역할을 하고 있습니다.

출처 www.codeforamerica.org

코드포아메리카에서는 '펠로우십(Fellowship)'이라는 프로그램을 통해 매년 전국에서 능력 있는 개발자와 디자이너 등 IT전문가를 채용하여 11개월 동안 시 정부에서 문제 해결을 위해 필요로 하는 솔루션(애플리케이션)을 만들 기회와 금전적인 지원을 제공합니다. 채용된 펠로우십의 IT전문가들은 한 달간 정부 2.0의 내용과 코드포아메리카의 펠로우십 활동에 대한 학습 과정을 거친 이후 펠로우십 프로젝트에 참여하게 됩니다. 그 이후 펠로우들은 시정에서 발생하는 여러 가지 도시문제들을 시 정부 관계자와 함께 논의하여 정의하고 그 솔루션으로 시민들에게 도움을 줄 수 있는 공공서비스의 개발을 진행합니다.

사회문제 해결을 위한 코드포아메리카 펠로우십의 프로젝트

이렇게 개발된 서비스는 가벼운 모바일 앱 형태에서부터 시민의 참여를 이끌어낼 수 있는 웹 서비스나 툴의 개발까지 다양합니다. 지금까지 약 100여 명의 펠로우십을 통해 30여 개의 시 정부와의 협업으로 웹 서비스가 개발되었으며, 2013년 한 해에 27명의 펠로우십과 3,000여 명이 넘는 자원봉사자가 참여하여 총 10여 개 파트너 도시에서의 문제 해결을 위한 50여개의 웹 서비스가 개발되었습니다.

웨어즈마이스쿨버스(Where's My School Bus?)

스쿨버스 정보 서비스로, 우리나라의 '서울버스 앱'처럼 스쿨버스의 현재 위치와 도착 시각을 알려주는 앱입니다. 폭우나 폭설 등 갑자기 날씨가 나빠지거나, 운영의 이슈로 버스 운행이 중단될 때 앱을 통해 소식을 간편히 알릴 수 있어서 학생뿐 아니라 학부모들에게 많은 호응을 얻었습니다.

어답트어하이드란트(Adopt-a-Hydrant)

보스턴 지역 소화전의 위치정보를 알려주는 앱입니다. 보스턴 지역은 예전부터 폭설이 많이 내리는 지역이라, 이로 인해 도시 곳곳에 있는 소화전이 눈에 묻히는 경우가 많아 계속해서 눈을 치워야 한다고 합니다. 그러나 시의 인력으로만 관리하는 것은 한계가 있기에, 소화전의 위치정보를 공유하여 시민들이 집 근처의 소화기를 직접 관리할 수 있도록 도와주는 서비스입니다.

오픈311 대시보드(Open311 Dashboard)

전화번호 '311번'은 위급사항을 제외한 각종 민원을 제보하는 전화번호라고 하는데요, 이런 민원접수 시스템을 API로 만들어 온라인에서 쉽게 접수할 수 있도록 제공합니다. 이를 통해 민원을 손쉽게 확인할 수 있으며, 해당 지역의 시민들도 볼 수 있게 함으로써, 이웃들이 문제를 서로 도우며 해결할 수 있게 만들었습니다. 한 예로, 집 앞 휴지통에 쥐가 있어서 죽었는지 살았는지 확인할 수 없어 민원을 넣었는데, 지나가던 이웃이 이 글을 보고 휴지통을 확인하여 살아 있는 쥐를 놓아준 정감 있는 사례가 있었습니다.

이 밖에도 인터넷보다 휴대폰 가입 인구가 많은 필라델피아의 지역 특성에 맞춰, 문자로 지역 민원을 넣을 수 있는 Texizen 서비스나 내 주변의 버스 정류장과 버스의 도착시각을 문자로 알려주는 textMyBus 등 지역의 특색에 맞춰진 프로젝트들이 주를 이루고 있습니다.

이렇게 시민의 입장에서 해결하는 다양한 서비스들이 있지만, 시 정부에서 문제 해결을 위한 서비스가 필요하다고 해서 모두 코드포아메리카와 협력을 할 수 있는 것은 아닙니다. 코드포아메리카의 개발지원을 받고 싶은 시 정부는 사업 기획서를 작성하여 신청을 해야 하고 심사를 통해 최종 선정된 시들 만이 코드포아메리카와 협업할 수 있게 됩니다. 보통은 시 정부와 업무에서 개발인력과 만나면 일방적인 갑-을의 관계가 형성되어 비효율적인 프로젝트가 진행되곤 하는데, 코드포아메리카의 이러한 선별과 참여의 과정은 신선하다 못해 경이롭기까지 합니다.

효율적인 정부를 위한 공유와 협업 그리고 네트워크

코드포아메리카 펠로우십의 참여로 만들어진 결과물들은 해당 프로젝트로 서비스를 제공하는 것으로 그치지 않습니다. 진행된 프로젝트의 모든 내용들은 '정부2.0'의 원칙에 따라 '오픈소스'로 공개되고 문제 해결을 위해 다른 곳에서 누구나 활용할 수 있도록 하고 있습니다. 앞서 소개한 보스턴 소화전 지킴이 서비스인 '어답트어하이드런트'가 대표적인 오픈소스 공개 사례로 들 수 있습니다. 이 앱은 미국 내 다른 도시들에서 다양한 형태로 응용되었습니다. 하와이에서는 배터리가 자주 도난당하는 해변의 쓰나미 경보기를 시민들이 자발적으로 점검할 수 있는 시스템으로 제작되었으며, 시카고에서는 폭우가 내린 뒤에 도로 하수구에 물 빠짐이 제대로 되지 않은 문제를 해결하기 위해 시민이 함께 하수구를 관리할 수 있는 시스템으로 보스턴의 소화전 앱이 활용되었습니다.

코드포 아메리카에서는 '펠로우십' 외에 '브리게이드(Code for America Brigade)'라는 프로그램이 운영되고 있습니다. 이는 각 지역에서 IT를 통해 사회적 문제를 해결하고자 하는 풀뿌리 커뮤니티 형태로서, 지역의 개발자들끼리의 정보와 경험을 나누는 네트워크를 형성하고 코드포아메리카의 펠로우십을 통해 만들어진 결과물들을 이용하여 자신들의 지역에 적용할만한 서비스를 오픈소스로 만들고 공유하는 활동을 하고 있습니다. 이러한 브리게이드의 활동은 '코드포아메리카'의 철학과 결과물이 지역 곳곳에 퍼져나갈 수 있도록 하는 중요한 역할을 하고 있습니다. 미국 내 도시들을 중심으로 전 세계 71개 도시의 그룹이 활동하고 있으며, 우리나라에서도 2014년부터 2017년까지 브리게이드로 합류하여 '코드포서울(Code for Seoul)'의 이름으로 서울의 문제 해결을 위한 활동을 진행했습니다.

시민이 참여하고 결과를 공유하는 개방성

코드포아메리카는 효율적인 시 정부의 활동을 위해 공공서비스 개발에 시민을 참여시키고 그 결과를 다른 사용자가 활용할 수 있도록 하는, 참여와 공유의 대표적인 활동입니다. 이러한 코드포아메리카의 활동으로, 정부의 행정이 효율적으로 운영될 수 있게 합니다. 미국 정부가 '새로운 서비스의 개발을 위해 세금을 어떻게 사용하였는지'를 확인하기 위해 'IT 대시보드' 서비스를 코드포아메리카와 협력하여 개발하였고 이 서비스를 통해 2년 간 공무원 채용 등에 사용되는 돈을 30억 달러 이상 절약할 수 있었다고 합 니다.

디지털 시대, 우리나라를 비롯하여 세계 여러 나라에서는 전자정부를 내세 우며 시민의 참여를 이끌어내기 위해 노력하고 있습니다. 그러나 대부분은 정부가 목적과 방향을 정하고 이를 시민에게 의견을 요구하는 제한적이고 일방적인 형태로 진행되고 있습니다. 그래서 전시행정에 그치는 경우가 대 부분입니다. 이들에게 코드포아메리카의 활동 사례는 많은 시사점을 알려 주고 있습니다.

사이트

- 코드포아메리카, www.codeforamerica.org
- TED, 더 나은 정부를 프로그램하기, goo.gl/bPB6tD
- TED, 왜 좋은 해커가 좋은 시민을 만드는가?, goo.gl/zU9W3t

공공서비스나 정책도 시민들이 주문할 수는 없을까?

마이소사이어티

"우리가 온라인 쇼핑몰에서 상품을 주문하듯이, 공공서비스나 정책도 인터넷으로 주문할 순 없을까요?"

마이소사이어티(mySociety)는 사회혁신을 위해 온라인 서비스를 만드는 영국의 비영리단체로, 영국 시민의 온라인 민주주의를 위한 비영리단체 UKCOD(UK Citizens Online Democracy)의 작은 인터넷 프로젝트에서 시작되었습니다. "온라인 쇼핑몰에서 상품을 주문하듯이, 공공서비스나 정책도 인터넷으로 주문할 순 없을까?"라는 아이디어에서 시작된 이 단체는 정부와의 협업으로 영국 정부가 직면한 문제를 온라인 서비스(Digital Tools)를 이용하여 시민과 함께 해결하고 이를 널리 확산시키기 위한 활동을 하고 있습니다.

수많은 개발자들이 참여한 지역사회 프로젝트

마이소사이어티는 설립자인 톰 스테인버그(Tom Steinberg)와 자발적으로 참
여하는 수많은 개발자로 운영되고 있으며, 다음의 두 가지를 목적으로 하고
있습니다.

- 지역사회 주민들을 위해 공익목적의 사용하기 쉬운 온라인 사이트를 만들어주는 자선 프로
  젝트를 진행하고 이를 오픈소스로 공개
- 지역사회의 생활을 개선하기 위해 가장 효과적인 인터넷 사용 방법을 시민에게 알리는 것

출처 www.mysociety.org

지역사회를 위해 시민들이 자발적으로 자원봉사자를 모집하는 서비스인 플
리지뱅크(PledgeBank)와 지역의 해당 국회의원들에게 정책을 제안할 수 있
는 서비스인 라이트투뎀(WriteToThem) 그리고 지역 공공시설의 문제를 시
민이 온라인으로 직접 신고할 수 있는 민원 서비스인 픽스마이스트리트
(FixMyStreet) 등 마이소사이어티에서 만들어진 각종 온라인 사이트들은 영
국 시민들의 공익 증진에 크게 기여를 했다는 평가를 받고 있습니다.

픽스마이스트리트(FixMyStreet)

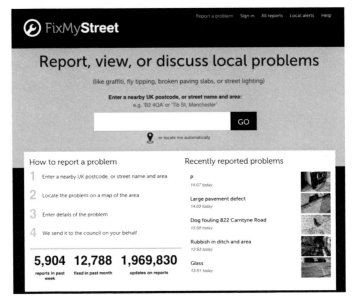

출처 www.fixmystreet.com

이전까지는 거리에 가로등이 고장 나서 켜지지 않거나 도로의 맨홀뚜껑이 파손된 것을 발견하더라도, 시의 담당 공무원이 발견할 때까지 방치되거나 시민이 직접 전화를 하여 상황을 어렵게 설명해야 했습니다. 그런데도 복잡한 행정절차와 시간 등의 지연으로 문제가 언제 개선이 될지는 알 수 없었죠. 픽스마이스트리트는 이러한 불편함과 문제점을 개선하기 위해 만들어진 서비스로, 도로의 파손이나 건물의 낙서, 신호등 고장 등 지역사회의 불편사항을 시민들이 온라인상에 신고하는 민원서비스입니다. 제보 부분은 방치된 차, 버스 정류장, 불법주차, 애완동물의 배설물, 낙서, 인도 상태, 도로 불량, 공중화장실, 교통신호, 불법 쓰레기 투기, 고장 난 가로등, 표지판 등 매우 상세하게 구분되어 있으며, 시민들이 직접 내용을 작성하여 문제점을 신고하게 됩니다. 특히 온라인 서비스의 장점을 살려, 지도에 위치정보를 등록하고 사진과 메시지를 첨부함으로써 정확한 민원내용을 파악할 수 있을 뿐 아니라, 해당지역의 담당 부서로 바로 전달되므로 민원접수 후 진행 및 완료사항도 파악할 수 있도록 개발되었습니다. 2007년에 나온 이 서비스는 시민과 함께하는 시정모델에 가장 표본이 되는 서비스의 하나로 개설 당시 여러 나라에 많은 반향을 불러일으켰습니다.

데이워크포유(TheyWorkForYou.com)

대통령선거 또는 국회의원 선거 등의 중요한 선거에서는 후보 의원들의 과거 의회 활동과 정책 발언이 매우 중요하게 여겨집니다. 의원들의 특정 이슈에 대한 생각과 활동의 일관성을 대변하기 때문이죠. 하지만 정치에 열정적인 관심을 가진 사람이 아니라면 그들의 활동과 발언이 일관성이 있는지 확인할 수 없기에 객관적인 판단이 어렵게 됩니다. 일부 의원들은 이러한 점을 악용하여 자신의 이익에 맞게 발언 내용을 수시로 바꾸기도 합니다. 데이워크포유는 이러한 점에 착안하여 의원들이 의회에서 어떤 안건에 어떻게 투표를 했고 어떤 발언과 질의를 했는지 과거 활동까지 상세히 열람할 수 있도록 제공하고 그 활동에 의견을 첨부할 수 있도록 만들어진 서비스로, 역시 시민들의 자발적인 참여로 운영되는 사이트입니다. 이전에도 정부에서 의원들의 의회 활동을 열람할 수 있는 사이트를 제공하고 있지만, 전통적인 자료의 분류와 일방적인 정보전달의 형식으로 만들어져 있어서 이슈별로 자료를 자유롭게 열람할 수 없는 불편함이 있었습니다. 데이워크포유는 시민의 자발적인 참여로 자료에 대해 시민의 의견을 반영하고 반영된 내용을 기반으로 이슈에 대해 의원들의 활동 정보를 열람할 수 있게 한 것이 특징입니다. 또한, API를 공개하여 이렇게 축적된 자료를 외부에서 어떠한 방식으로든 활용할 수 있도록 하고 있습니다.

라이트투뎀(WriteToThem)

WriteToThem는 의원들의 의회 활동을 주문하는 목적의 사이트입니다. 사이트에서 우편번호를 입력하면, 해당 지역에 의원들의 정보가 나타나게 되고 의원들을 선택하여 직접 이메일을 보내 정책 및 의정 활동을 주문할 수 있게 됩니다. 메일 발송에서 그치는 것이 아니라, 통계데이터를 통해 어느 의원이 가장 열심히 메일에 대해 답변을 했는지 등을 확인할 수 있습니다. 국내에서도 지난 2014년 4월 19일에 발생한 세월호 사건의 조사활동을 위한 의원들의 활동을 독려하기 위한 '응답하라 국회의원(www.heycongress.org)' 이라는 청원사이트가 만들어져 운영되었습니다.

픽스마이트랜스포트(FixMyTransport)

앞서 소개한 FixMyStreet의 자매 사이트로, 영국의 대중교통 개선을 위한 사이트입니다. 티켓 발매기나 출입 게이트 고장, 계단 이용 불편, 환승 정보 불편 등의 시민들이 대중교통을 이용하는데 개선해야 할 이슈에 대해서 온라인으로 직접 민원을 신고할 수 있습니다. 이 서비스 역시 신고된 민원은 담당 기관에 바로 전달되어 신속히 처리를 할 수 있게 하고 있으며, 시민이 신고하거나 신고된 내용을 트위터나 페이스북으로 공유하여 이슈에 대해 지지를 얻고 확산할 수 있는 시스템을 구현함으로써 신속하고 효율적인 교통문제 해결에 도움을 주고 있습니다.

온라인 플랫폼에서 시민의 정치 참여를 유도하는 '디사이드 마드리드'

한편으로는 시민의 적극적인 정책참여를 위해 시 정부가 직접 온라인 플랫폼을 운영하기도 합니다. 대표적인 사례가 스페인 마드리드 시청에서 운영하는 온라인 시민참여 플랫폼 '디사이드 마드리드(Decide Madrid)'입니다.

디사이드 마드리드는 토론과 제안, 참여 예산 정보, 투표 기능 등을 제공하며, 16세 이상의 시민이라면 간단한 가입 절차를 거쳐 누구나 마드리드 시의 정책 및 입법을 제안할 수 있습니다. 토론(debates) 기능으로 시민이 자유롭게 주제를 제안하고 함께 토론을 진행하게 되며, 제안(proposals) 기능으로 마드리드 유권자의 1%(초기 시범운영 기간에는 2%)의 동의(찬성)를 얻은 제안을 국민투표(찬/반)에 부치고, 여기에서 과반의 동의를 얻으면 실제 정책이나 입법으로 진행됩니다.

마드리드 시는 이를 통해 도시 발전과 환경, 주거 등의 문제 해결에 시민들의 제안과 의견을 모아 부서의 예산을 집행하는 데 적극적으로 활용합니다. 마드리드 시 전체 예산 10억 유로 중 시의 자체 투자 예산은 2억이고 이 중 6천만 유로가 시민의 참여로 결정된다고 합니다.

2015년 9월 출범 이후 2개월 만에 4,000여 개의 시민 제안이 접수되었고, 누적 제안은 12,000여 개를 넘어섰습니다. 또한 이 플랫폼은 오픈소스로 구축되어 마드리드 시 외에도 바르셀로나 등 스페인 내 20여 도시에서 활용되고 있습니다. 서울시에서도 지난 2018년 디사이드 마드리드를 벤치마킹한 시민 참여 플랫폼 '민주주의 서울'을 구축하여 운영하고 있습니다.

사이트

- 마이소사이어티 프로젝트, www.mysociety.org
- 디사이드 마드리드, decide.madrid.es
- 서울시 민주주의 서울, democracy.seoul.go.kr

사회발전에 공헌한 혁신가를 지원합니다

구글 글로벌 임팩트 어워드

"기술을 통해 사회 변화의 임팩트를 확대합니다."

'구글 글로벌 임팩트 어워드(Google Global Imapct Award)'는 구글의 사회공헌 프로그램의 하나로, 기술과 혁신을 통해 인류의 다양한 문제 해결을 위해 노력하고 있는 기관이나 프로젝트를 지원하기 위해 출범한 프로그램입니다.

2012년 7개의 프로젝트에 총 2천 3백만 달러를 제공하는 것을 시작으로 지금까지 전 세계 다양한 프로젝트를 선정하여 지원하고 있습니다. 지원되는 프로젝트 대부분은 디지털 기술을 핵심으로 사용하거나 데이터를 분석하는 프로젝트로, 첨단 기술과 데이터에 기반을 둔 기업인 구글의 아이덴티티와 그 성격을 같이하고 있습니다.

기술과 혁신으로 인류의 문제를 해결합니다

출처 www.google.org

글로벌 임팩트 어워드의 지원을 받는 주요 프로젝트들은 다음과 같습니다.

채리티: 워터(Charity: water)

물은 매우 중요한 자원이지만, 전 세계의 11%, 약 8억 명의 사람들은 물 부족으로 어려움을 겪고 있습니다. 이를 해결하기 위해 NGO나 정부 단체가 전 세계 오지에 물 펌프를 설치하였지만, 이 중 1/3이 제대로 작동하지 못하고 있다고 합니다. 이를 해결하기 위해 Carity: Water는 아프리카 전역에 걸쳐 4,000곳의 급수장에 2015년까지 원격 센서를 설치할 예정입니다. 설치된 원격 센서를 통해 급수장의 물의 속도를 실시간으로 모니터링하여 수질을 보다 효율적으로 관리할 수 있도록 함으로써, 백만 명 이상의 사람들에게 깨끗한 물을 공급할 수 있다고 합니다.

이퀄오퍼튜니티스쿨(Equal Opportunity Schools)

미국에서 매년 60만 명 이상의 저소득층 학생들이 대학 진학에 필요한 대학 선수강의를 받지 못하고 있다고 합니다. 이 프로젝트는 데이터 분석 기술을 통해 성적이 우수한 6,000명의 취약 계층을 찾아내어, 이들에게 대학 강의를 제공한다고 합니다.

국제생물바코드컨소시엄(CBOL, The Consortium for the Barcode of Life)

전 세계 멸종 위기에 처한 생물은 약 2,000종이 넘는데, 이들은 UN의 규정에 따라 불법 거래로부터 보호를 받고 있습니다. 그러나 불법 거래를 막기 위해서 소용되는 탐지 도구는 비싼 가격에 구하기도 어렵다고 합니다. 국제생물바코드컨소시엄에서는 개발도상국의 연구자들과의 협력을 통해 DNA 바코드 테스트를 위한 야생 동물의 자료를 구축하는 'DNA 바코딩 프로젝트'를 기획하고 실행합니다. 이 자료는 모두 공개자료로 구축이 되며 야생 동물의 불법거래를 단속하는 데 유용하게 활용된다고 합니다.

이 밖에도 저소득층의 대학교 입학준비를 지원하기 위한 온라인허브 Get Schooled, 온라인의 자원봉사자를 참여시켜 크라우드소싱의 방법으로 천문학 등의 과학적 연구 데이터를 수집하는 Zooniverse, 여학생이나 소수 취약계층 학생들이 대학 입학을 위한 선수강의를 수강하도록 프로그램을 지원하는 Donors Choose, 극빈곤층에게 모바일 기술을 통해 기부금을 직접 전달하는 GiveDirectly, 그리고 저소득층에게 온라인 소액대출을 하는 서비스로 유명한 키바 등이 글로벌 임팩트 어워드에 선정되어 지원을 받고 있습니다.

글로벌 임팩트 어워드에는 기술을 통한 혁신이 무엇보다 중요하지만, 그를 뒷받침하는 다음과 같은 명확한 선정 기준이 있습니다.

1. 혁신적인 변화를 이끌어낼 수 있는 새로운 접근방식 또는 기술
2. 한 분야의 판도를 바꿀 만한 임팩트 있는 아이디어를 검증하려는 프로젝트
3. 우수한 실적과 불굴의 의지를 갖춘 프로젝트 팀

또한, 다양한 프로젝트의 지원을 위해 지원금 혜택은 조직당 한 번으로 제한됩니다.

사이트

- 구글 글로벌 임팩트 어워드,
  www.google.org/intl/de/global-giving/global-impact-awards/

사회 변화를 위해 시민들이 만든 지도

우샤히디

"'커뮤니티 매핑'이란 시민들의 참여에 의한 집단지성의 정보수집으로 위치정보를 활용하여 지역사회의 문제를 해결하는 것입니다."

'우샤히디(Ushahidi)'는 스와힐리어로 '증언' 또는 '목격'이라는 의미를 가진 온라인 지도 서비스입니다. 구글이나 다음, 네이버 지도 서비스와 마찬가지로 지역의 정보를 제공하고 있습니다. 그러나 우샤히디는 사회적인 문제를 해결하기 위해 시민들이 자발적으로 참여하여 정보를 수집하여 실시간으로 정보를 제공하는 것이 특징입니다.

'증언(우샤히디)', 언론통제의 해결방안으로 탄생하다

우샤히디의 탄생은 다른 지도 서비스와는 사뭇 다릅니다. 2007년 케냐의
대통령 선거 이후 부정선거의 문제가 제기되었고 이후 지지자와 반대자들
사이에 무력 충돌이 발생하며 사회적으로 큰 혼란이 일어납니다. 결국 무력
충돌은 유혈사태로 인해 폭동으로 확대되어, 곳곳에서 폭력과 약탈, 살인이
발생하였지만, 케냐 정부가 언론을 통제하여 이러한 정보가 제대로 전달되
지 못하게 됩니다.

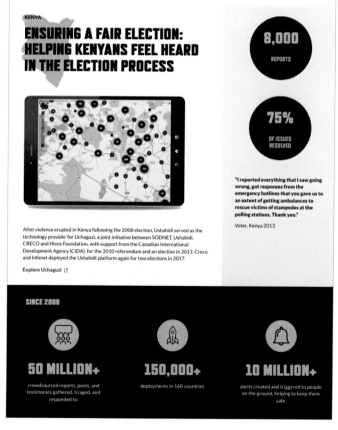

출처 www.ushahidi.com

이때, 오리 오콜로(Ory Oklloh)라는 저널리스트가 블로그를 개설하여 인터넷과 휴대폰 문자 메시지를 통해 사건정보를 받아 그 소식을 전하기 시작하였습니다. 하지만 제보 건수가 많아 이를 처리하기 어려워졌습니다. 이를 해결하기 위해 오콜로는 케냐와 세계 각지의 IT전문가들과 모여서 3일간의 개발 끝에 시민들이 휴대폰 문자 메시지의 정보를 지도에 표시해주는 서비스를 개발하였는데 이것이 '우샤히디'의 탄생이 되었습니다.

초기의 우샤히디는 케냐의 소식만을 전하는 서비스로 시작되었지만, 우샤히디의 개발팀은 이 서비스가 여러 곳에서 다양하게 이용되기를 바랐습니다. 그들은 지역의 정보를 지도 위에 시각화하여 표시함으로써, 정보전달에 있어 강력한 힘을 발휘하는 것을 경험했기 때문입니다. 다행히도 그들은 새로운 혁신프로젝트를 지원하는 '나이트 재단(Knight Foundaiton)'의 공모지원 프로그램과 경영컨설팅 업체인 오미디야르 네트워크(Omidyar Network) 등으로부터 지원금을 받게 됩니다. 덕분에 그들은 전담조직을 꾸리고 본격적으로 '우샤히디'를 위해 일하게 되었습니다. 현재는 케냐뿐 아니라 아프리카와 미국, 유럽 등 세계 곳곳의 개발자와 사회활동가들이 참여하여 우샤히디를 발전시키고 있습니다.

사회적 문제 해결을 위한 오픈소스 플랫폼

우샤히디는 정보의 민주화, 투명성 증가, 정보 공유의 확대를 추구하며, 누구나 자유롭게 가져다 쓸 수 있는 오픈소스로 운영되고 있습니다. 시민의 참여를 통한 정보수집과 오픈소스라는 특징으로 인해, 지역의 폭력 제보뿐 아니라, 재난 재해 경보와 복구 시스템 안내 등 다양한 사회적 문제 해결을 위한 플랫폼으로 사용하고 있습니다.

그중에서 2010년의 아이티(Haiti) 재해 응급지도 서비스는 우샤히디를 전 세계적으로 알리는 계기가 되었습니다. 2010년 1월 아이티에서 규모 7.0의 강진이 발생하여, 국회의사당을 포함하여 주요 건물과 기반시설이 붕괴하거나 손상되었으며, 통신장비의 손실로 구호의 손길이 닿지 못하는 상황이 되었습니다. 지진으로 아이티 전체 인구의 1/3에 해당하는 300만 이상이 피해를 보았고 수십만의 사람들이 목숨을 잃거나 부상을 입었습니다. 다행히도 인터넷으로 연결되는 전산망은 거의 피해를 보지 않아 사람들은 인터넷과 트위터, 페이스북을 통해 지인들의 안부를 확인하였고 휴대폰의 문자 메시지를 통해서도 최신 정보를 접할 수 있었습니다. 이곳에서 우샤히디는 인명구조 현황과 건물파손, 질병, 범죄, 주요 공공시설 위치 등 아이티의 재해복구를 위한 정보를 제보받아 지도로 제공함으로써 시민과 구호단체들에게 큰 도움을 주었습니다.

우샤히디는 아이티의 재해 응급지도 사례 이외에도 다양한 프로젝트에 활용되었습니다.

멕시코 걸프만 기름 유출 제보

2010년 멕시코 걸프만의 석유 시추시설이 폭발하여 엄청난 양의 석유가 유출되는 사고가 발생했는데, 해당 석유회사인 BP사와 정부의 석유 유출 자료가 불충분하다는 판단으로 지역 주민들이 직접 석유 유출 현황을 우샤히디 플랫폼을 사용하여 제보하여, 현황 파악에 주요 데이터가 되었습니다.

폭력 제보 서비스 Map4Aid(maps4aid.com)

여성인권이 매우 낮은 나라인 인도에서는 여성을 대상으로 하는 범죄가 심각하다고 합니다. 이 서비스는 휴대폰 문자 메시지나 이메일, 웹 등을 통해 인도에서 벌어지는 여성 대상의 범죄에 대한 제보를 받고 그 내용에 따른 데이터를 지도에 시각화하여 표시합니다. 인도 내에서의 여성들이 처해 있는 위험의 심각성을 보여주는 서비스입니다.

오픈스트리트맵(Openstreetmap)

남아프리카공화국의 빈민가 지역인 키베라(Kibera)와 같은 지역은 지역 정보의 부족으로 지도서비스가 제대로 제공되지 못합니다. 이 문제를 해결하기 위해 시민들이 위치정보기능을 가진 기기 등을 직접 가지고 지역을 돌아다니면서 병원이나 화장실 같은 생활에 필요한 주요 시설의 위치를 지도에 스스로 업데이트하는 프로젝트입니다.

픽스유어스트리트(Fixyourstreet.ie)

도로보수나 신호등 고장, 도로의 배수관리 등 공공장소의 각종 보수 관련 민원들을 시민들이 직접 지도에 보고하는 아일랜드의 행정 서비스입니다. 영국과 미국에서 유사한 형태의 행정 서비스가 개발되어 있습니다.

그 밖에 미국 애틀란타 지역의 범죄현황을 제공하는 사이트와 캐나다의 투표 독려를 위한 사이트, 칠레의 지진 피해 현황을 제공하는 사이트, 그리고 2010년 미국의 대폭설에서 제설 작업 현황을 보여주는 워싱턴 포스트의 지도 서비스에 이르기까지 여러 곳에서 다양한 방식으로 우샤히디가 활용되었습니다.

우샤히디는 기존의 서비스제공자가 정보를 일방적으로 저장하고 전달하는 방식에서 벗어나 시민이 직접 정보를 제공하는 정보의 흐름을 바꾼 대표적인 프로젝트입니다. 또한 사회의 문제나 재난의 극복에 있어 이러한 시민이 참여하고 공유하는 시민 중심의 정보 흐름이 얼마나 효율적일 수 있는지 알 수 있는 의미 있는 프로젝트이기도 합니다.

참고

아이페이드어브라이브(iPaid a Bribe.com)

인도 방갈로 자나아그라하(Janaagraha)라는 비영리단체 프로젝트로, 시민들이 공무원에게 뇌물을 줬거나 뇌물을 요구하는 공무원들을 거절한 사연들을 공유함으로써 인도에 만연된 부패를 줄이기 위한 프로젝트입니다.

위키크라임스(WikiCrimes.com)

브라질 포르탈레자 대학교의 바스코 푸르타도 교수가 범죄 희생자들이나 목격담들을 안전하게 고발하고, 지도에서 관련 정보를 검색할 수 있도록 개발한 협업형 범죄 지도 서비스입니다.

사이트

- 우샤히디 프로젝트, www.ushahidi.com
- TED, 문자 메시지를 통한 범죄 보고, goo.gl/9XhmZJ

▼

인류의 유산을 위한 거대한 온라인 협업

리캡차

"파나마 운하, 달 착륙… 이 모두는 한 사람이 아니라, 수많
은 사람들이 협력해서 이룬 인류의 업적들입니다."

인터넷 서비스에 회원가입을 하거나 게시물에 댓글을 작성하다 보면, 삐뚤
삐뚤하게 틀어진 모습의 영어단어를 그대로 입력하라고 요구하는 화면을
한 번쯤은 만나게 됩니다. 이 화면의 정체는 '캡차(Captcha)'라는 프로그램
으로, 사람은 알 수 있지만, 컴퓨터는 알 수 없는 문자를 화면에 표시하고 그
대로 입력하게 함으로써 컴퓨터를 이용한 자동가입을 막는 역할을 합니다.

인터넷이 발전하면서 유용한 정보가 획기적으로 늘어난 반면, 불필요한 정
보 역시 엄청난 양으로 늘었습니다. 특히 스팸 메일이나 스팸 댓글처럼 광
고목적의 데이터를 컴퓨터를 이용해 사이트에 대량으로 등록함으로써 사용

자를 불편하게 만들고 인터넷 서비스의 질을 떨어트립니다. 이러한 스팸을 막기 위해 미국 카네기 멜런 대학교의 루이스 폰 안(Luis Von Ahn) 교수가 컴퓨터를 이용한 자동가입을 방지하는 '캡차(CAPTCHA, Completely Automated Public Turing test to tell Computers and Humans Apart)'라는 인증프로그램을 개발하게 되었습니다.

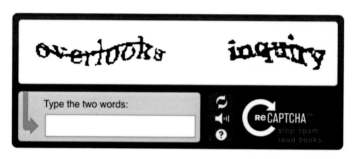

출처 www.captcha.net

캡차에 사용하는 10초를 인류를 위해 사용해볼 순 없을까?

캡차의 개발 이후, 많은 사이트들이 캡차를 적용하여 스팸을 막을 수 있었지만, 일반 사용자는 캡차의 문자입력을 위해 시간(약 10초)을 소비할 수밖에 없었습니다. 만약 문자입력이 틀렸다면 다시 한번 글자를 입력하는 수고로움을 거쳐야 합니다. 매일 2억 건의 캡차 문자입력이 발생된다고 하니, 전 세계적으로 매일 50만 시간이라는 어마어마한 시간이 캡차 입력을 위해 소비되는 셈입니다. 루이스 폰 안 교수는 캡차에 입력하는 사용자의 시간을 인류를 위해 의미 있게 사용할 수는 없을까 고민하게 되었고 이를 위해 새로운 인증 프로그램인 '리캡차(reCAPTCHA)'를 개발하였습니다.

새로 개발된 '리캡차'의 슬로건은 '스팸을 막고 책을 읽자(STOP Spam, READ Books)'입니다. 스팸을 막는 인증시스템과 책을 읽는 것이 대체 무슨 관련이 있을까요? 구텐베르크 프로젝트나 인터넷아카이브▲에서는 종이책을 스캔하고 OCR 프로그램을 이용하여 디지털문서로 전환하고 있습니다. 그런데 종이에 얼룩이 묻거나 낙서, 헤짐, 바램 등이 있는 오래된 책들은 스캔을 해도 컴퓨터가 문자를 제대로 인식하지 못합니다. 50년 이상 된 책들은 컴퓨터가 70%밖에 인식하지 못한다고 합니다. 컴퓨터가 인식하지 못하는 나머지 30%의 문자는 사람이 하나하나 확인 작업을 거쳐야 하는데, 이를 위해서는 어마어마한 시간과 노동력이 필요하게 됩니다.

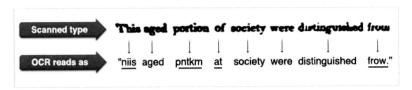

출처 www.captcha.net

루이스 폰 안 교수는 캡차를 입력하는 사용자의 힘을 빌려 이를 해결하고자 하였습니다. 리캡차에는 인증을 위해 두 개의 문자를 사용자에게 보여주는데, 그중 하나를 컴퓨터가 인식하지 못한 스캔 문자를 표시하여 사용자들이 문자를 읽고 입력하게 하는 것입니다. 같은 문자에 대해 여러 사람이 동일한 내용을 입력하면, 입력한 내용으로 컴퓨터는 인식을 하여 책을 디지털화하는 데이터로 사용됩니다. 우리가 리캡차에 문자를 입력하는 것만으로, 오래된 책을 디지털화하는 프로젝트에 기여하게 되는 것입니다.

▲ Internet Archive. 누구나 쉽게 접근할 수 있는 자유로운 디지털 도서관(archive.org)을 구축해 운영하고 있는 미국의 비영리단체입니다.

일년에 250만 권의 책, 인류를 위한 대규모 협업

전 세계의 온라인 서비스를 통해 매일 매일 사람들의 참여로 리캡차에 입력된 단어 수는 약 1억 개로, 일년에 250만 권에 달하는 책을 디지털로 전환할 수 있다고 합니다. 루이스 폰 안 교수는 TED강연에서 리캡차 프로젝트의 의미를 다음과 같이 이야기 했습니다.

"리캡차를 통해 최소한 한개의 단어라도 디지털화에 기여한 사람은 7억 5천만 명입니다. 전 세계인구의 10%가 조금 넘는 사람들이 이 프로젝트에 참여한 것입니다. 피라미드 건설, 파나마 운하, 달 착륙… 이와 같은 인류의 업적들은 한 사람이 아니라, 수많은 사람의 협력으로 이루어졌습니다. 그것도 모두 비슷한 숫자인 10만 명이 참여했다는 공통된 사실이 있습니다. 우리가 10만 명의 노력으로 인류를 달에 보낼 수 있었다면, 1억 명의 사람으로는 무엇을 할 수 있을까요?"

리캡차는 2009년에 구글이 인수되어 '노캡차 리캡차 버전(No CAPTCHA reCAPTCHA)'으로 보다 강화되어 배포되고 있으며, 구글북스의 문서 분석과 구글지도의 지도분석 등에 확대되어 사용되고 있습니다. 이제는 문서를 넘어 지도에 이르기까지, 혁신적인 아이디어와 디지털 기술을 통해 루이스 폰 안 교수가 꿈꾸는 인류를 위한 대규모 협업이 이뤄지고 있는 것입니다.

사이트

- 리캡차 프로젝트, www.google.com/recaptcha/intro/index.html

지역 주민들과 함께 마을 커뮤니티를 되살리다

시빅해킹 '코드포나미에'

"개발자와 시민이 힘을 합하면 정보에서 소외된 시민을 도울 수 있습니다."

대지진의 위기 속에서 탄생한 코드포재팬(Code for Japan)

2011년 3월 11일, 일본에서 발생한 규모 9.0의 대지진은 일본 동북부에 엄청난 피해를 가져왔습니다. 이 지진은 일본에서 발생한 지진 중 가장 강력한 것이었고 근대에 지진 관측이 시작된 이래 세계에서 네 번째 규모의 지진이었습니다. 2012년 9월 일본 경시청의 보고서에 따르면 지진으로 인해 15,878명이 사망하였고 6,126명이 부상을 입었습니다. 가옥 254,204

동이 반파되었고 건물 129,225동이 붕괴되었습니다. 특히 지진 이후 발생한 최대 40.5m에 달하는 강력한 쓰나미(지진해일)로 인해, 해안지역을 중심으로 막대한 피해를 입혔으며, 후쿠시마의 원자력발전소까지 망가지면서 방사능 물질이 유출되는 큰 사태가 일어났습니다.

지진 당시, 위치정보 분야 전문가로 도쿄에서 일하던 할 세키(關 治之)는 '이 상황에서 어떤 도움을 줄 수 있을까'를 생각하다가 개발자들과 함께 지진의 피해 복구 정보를 공유하는 사이트 '신사이닷인포'를 개발하였습니다. '신사이(震災)'는 '지진 재해'라는 뜻으로, 사이트를 통해 피해 복구의 많은 정보들이 모이면서 정보 공유 사이트로서의 역할을 하였습니다.

할 세키는 '신사이닷인포'를 통해 자신의 프로그램 개발 능력이 다른 사람에게 도움을 줄 수 있다는 것을 알게 되었습니다. 그는 코드포아메리카의 활동가인 제니퍼 파커의 TED 강연▲에 영감을 얻게 되었고 프로그램 전문가들과 함께 2013년에 코드포재팬(Code for Japan)을 만들었습니다.

IT로 뿔뿔이 흩어진 주민들을 다시 연결시키다, 코드포나미에

후쿠시마 원자력발전소에서 불과 20km 떨어진 곳에, '나미에(Namie)'라는 작은 마을이 위치하고 있었습니다. 대지진이 발생하였을 때 '나미에' 마을도 지진과 쓰나미로 많은 피해를 입었습니다. 지진으로 인해 마을의 집 65채가 무너졌고 이후 몰아닥친 쓰나미로 인해 586채의 집이 파괴되었습니다. 급기야 후쿠시마 원자력발전소의 방사능이 유출되면서, '나미에'마을은

▲ 더 나은 정부를 프로그램하기, goo.gl/LMB7pF

사람이 살 수 없는 곳이 되어 버렸습니다. 결국 마을에 살던 21,000명의 주민들은 전국으로 뿔뿔이 흩어질 수밖에 없게 되었습니다.

출처 codefornamie.org

비록 지진으로 인해 서로 뿔뿔이 흩어졌지만, '나미에' 주민들은 하루 빨리 집으로 돌아갈 날을 손꼽아 기다리며, 마을의 소식과 서로의 안부를 궁금해 했습니다. '나미에' 마을의 안타까운 사연을 접한 할세키와 코드포재팬의 구성원들은 2014년 4월, 마을주민들을 위해 '코드포나미에(Code for Namie)' 프로젝트를 시작하였습니다. 그들은 IT를 이용하여 온라인에 커뮤니티를 만들어 뿔뿔이 흩어진 주민들의 소식을 전하고자 하였습니다. 이를 위해 마을 주민들에게 태블릿 PC를 지급하였고 온라인 커뮤니티를 위한 애플리케이션 개발을 계획하였습니다.

그러나 나미에의 시민들은 온라인 커뮤니티를 이용하여 그들이 무엇을 할 수 있을지 몰랐으며, 태블릿 PC 역시 사용할 줄 몰랐습니다. 코드포재팬의 활동가들마저도 지역커뮤니티를 위한 전문가가 아니었기에 대지진의 피해 속에서 마을 주민들을 위해 무엇을 어떻게 해야 할지 알 수 없었습니다.

나미에 마을 주민들이 무엇을 원하는지 알기 위해 코드포나미에는 먼저, 마을 주민들을 만나 일대일 인터뷰를 진행하였고 그들에게 태블릿PC 사용법을 가르쳤습니다. 그리고 온라인 커뮤니티를 위해 주민들과 함께 아이디어를 모으는 행사를 진행하였습니다. 7차례 진행된 아이디어 행사에는 개발자를 포함한 시민 420명이 참가하였고 '나미에'를 위한 770건의 아이디어가 나왔습니다. 코드포나미에는 이 아이디어들을 기반으로 이후 세 차례의 개발행사인 해커톤을 진행하였고 14개의 아이디어가 목업(mockup) 형태의 앱으로 구현되었습니다.

코드포나미에는 2015년 초에 안드로이드 태블릿으로 '나미에 앱'들을 출시하였습니다. 이 앱들은, 태블릿PC 조작이 익숙하지 않은 마을주민과 노인들을 위해 '신문'과 같은 정보전달에 중심의 기능을 최소화하여 개발되었습니다. 후쿠시마 인근 지역의 뉴스를 전달하는 뉴스 앱과 마을 주민기자가 나미에 지역의 소소한 모습을 사진으로 담아 공유하는 앱 그리고 태블릿 사용법을 동영상으로 배울 수 있는 앱 등 세 가지 기능의 앱이 태블릿에 설치되어 나미에 시민들에게 정보를 제공하고 있습니다. 이들은 또한 나미에 인근 지역의 방사능 수치 정보를 제공하는 앱도 출시를 계획하고 있습니다.

출처 codefornamie.org

"'시빅해킹'이란 정부가 해결하지 못한 지역사회 문제를 다양한 시민이 모여 풀어내자는 사회운동입니다."

지역사회 등의 공공 영역에 문제가 발생하였을 때, 정부가 가장 먼저 앞장서서 문제를 해결해야 합니다. 그러나 때로는 정부가 그 역할을 제대로 하지 못하였을 때, 시민들이 직접 나서서 해결하는 사례를 우리는 종종 접하게 됩니다. 이러한 운동을 '시빅해킹(civic haking)'이라고 부르는데, 미국의 코드포아메리카나 영국의 마이소사이어티 그리고 코드포나미에가 대표적인 시빅해킹의 사례로 꼽히고 있습니다.

시민해킹으로서 코드포아메리카와 마이소사이어티가 IT전문가가 중심이 되어 프로젝트 기반으로 사회문제 해결을 위해 활동하였다면, 코드포나미에는 거대한 자연재해에서 IT전문가와 일반 시민들의 지속적인 협력을 통해 사회문제를 해결해나가면서 더 폭넓은 시민이 함께 참여한 의미 있는 시빅해킹의 사례로 들 수 있습니다.

사이트

- 코드포나미에 프로젝트, codefornamie.org

말라라아 퇴치를 위한 생명의 문자메시지

SMS포라이프

**"SMS와 같은 간단한 아이디어와 기술만으로도 사회의 커
다른 문제를 해결할 수 있음을 보여줍니다."**

아프리카에서는 말라리아로 인해 매 45초마다 어린아이가 사망한다고 합
니다. 이를 위해 세계 보건기구와 국제 단체에서는 말라리아의 퇴치를 위해
많은 노력과 협력을 하고 있습니다. 그러나 아프리카의 깊숙한 오지에는 말
라리아 치료제의 공급망이 열악하고 얼마나 필요한지에 대한 수량파악 역
시 쉽지 않아, 치료제가 제때 보급되지 못하고 있었습니다.

'SMS포라이프(SMS for Life)'는 아프리카의 말라리아 치료제의 보급문제를
해결하기 위해 스위스의 제약사인 노바티스(Novartis)를 중심으로, 각 분야
의 전문가와 보건담당자들이 협력하여 진행된 프로젝트입니다.

노바티스의 최고정보책임자(CIO)였던 짐 베링턴은 자신의 전문분야인 IT
를 이용하여 치료제의 보급 문제를 해결하고자 생각하였습니다. 그는 노
바티스의 직원과 영국의 이동통신회사인 보다폰 그리고 구글, IBM 등에
서 전문가를 확보하여 SMS포라이프 프로젝트를 계획했습니다. 세계보건
기구(WHO)와 세계은행등과 협력하고 있던 말라리아 퇴치 국제 협력단체인
'RBM(Roll Back Malaria)'이 SMS포라이프를 적극 지지하였고 이후 많은 파
트너와 자원 그리고 기술지원을 받았습니다.

출처 SMS포라이프

말라리아 퇴치를 위해 흩어진 정보를 모으고 공유합니다.

2009년, SMS포라이프는 탄자니아 세 곳의 129개 보건소에 첫 시범 프로
그램을 진행하였습니다. 일주일마다 해당 지역의 보건소 담당자들이 말라
리아 치료제의 재고 현황을 휴대전화 문자메시지(SMS)로 중앙 조직에 보고
하면, 구축된 시스템의 전자지도에 지역과 보건소 별로 치료약의 재고상황
과 주간 사용률 등이 자동으로 표시되도록 하였습니다. SMS포라이프의 시

스템을 통해 치료제가 더 필요한 지역은 어디인지, 어떤 지역에 치료제가 보급되지 않았는지 쉽게 파악할 수 있게 되었고 말라리아 치료제의 공급문제가 획기적으로 개선되었습니다. 또한 보건시설과 구역, 지역의 주간 사용량과 치료제의 사용률이 급증한 지역 정보 등을 함께 제공하여, 말라리아 발생 조기 경보 등에 활용될 수 있도록 하였습니다.

SMS포라이프의 시범 프로그램으로 평균 79%에 달했던 세 지역의 말라리아 치료제 품절률은 시범 프로그램 6개월 만에 23%로 떨어졌습니다. 효과를 확인한 탄자니아 정부는 SMS포라이프를 전국으로 확대하였으며, 현재 탄자니아를 비롯 케냐와 콩고, 카메룬, 나이지리아, 가나 등 아프리카의 주요 국가에 SMS포라이프가 도입되었습니다. 또한, SMS포라이프는 2011년 각 분야에서 기존의 사고와 방식을 뛰어 넘어 큰 변화를 이끌어 낸 획기적인 혁신들을 선정하여 수상하는 월스트리트저널의 기술혁신상을 수상하기도 하였습니다.

SMS포라이프는 일반 시민들이 참여하여 사회문제를 해결하는 다른 사례와는 조금 거리가 있어 보입니다. 그러나 여러 지역에 흩어져 있는 보건소의 정보들을 온라인플랫폼을 통해 함께 공유하여 말라리아의 문제를 해결해나갔다는 점에서 사회문제 해결을 위한 온라인플랫폼의 대표적인 사례로 꼽을 수 있습니다.

사이트

- SMS포라이프 프로젝트, goo.gl/AxA6CU

4장
나누기 위해 함께 모이다

나눔과 기부

"인터넷과 모바일, 서로를 연결시키는 소셜미디어를 활용하여 보다 쉽고 효과적인 방법으로 우리 이웃과 사회를 위한 나눔과 기부를 실천할 수 있습니다."

디지털의 발전으로 이슈의 확산과 사용자의 참여가 쉬워지면서 사회를 위한 나눔과 기부의 모습이 다양하게 변화되고 있습니다.

디지털 시대, '십시일반'은 가족과 이웃의 한계를 넘어, 지역과 국가를 초월하여 이슈를 알리고 힘을 모을 수 있는 의미가 되었습니다. 과거, 직접 사람을 만나 모금을 요청하는 방법뿐 이었지만(이 방법은 여전히 잘 사용되고 있습니다만), 이제는 온라인 서비스와 소셜미디어를 통해 이슈를 폭넓게 확산시켜, 더 많은 사람의 참여를 이끌어낼 수 있습니다. 크라우드펀딩 등의 온라인 서비스를 통해서 사회이슈에 대한 보다 적극적인 나눔과 기부를 이끌어낼 수도 있습니다.

이와 함께, 나눔과 기부 참여에 대한 방식 역시 다양해지면서, 직접 금전적인 기부 방식 외에도 다양한 간접기부활동으로 나눔과 기부에 참여할 수 있습니다. 영어 단어와 퀴즈를 맞추거나 음식 사진을 찍는 것으로도 굶주린 아이들을 도와줄 수 있으며, 그저 거리를 걷거나 게임으로 나무를 키우는 것 만으로도 따뜻한 사회를 만들어가는데 기여하게 됩니다.

인터넷과 소셜미디어, 모바일을 통해 사람과 정보가 더욱 폭넓게 연결되고 작은 목소리는 크게 커질 수 있게 되었습니다. 디지털을 통해 작은 목소리에 귀를 기울이고 나눔과 기부에 더 많은 사람들이 참여하게 되는 더 나은 세상을 만들어갈 수 있을 것입니다.

▼

게임을 통해 세계 빈곤문제를 해결하자

프리라이스

**"누구에게나 무료로 교육을 제공하고 굶주리는 사람들에게
무료로 쌀을 제공합니다."**

프리라이스(Freerice)는 UN의 세계식량계획(World Food Program, 이하 'WFP')
에서 세계의 굶주림의 문제 해결에 기여하고자 운영하고 있는 비영리 사이
트입니다. 사용자가 사이트에 접속하여 퀴즈를 맞히면 그만큼 쌀이 기부되
는 방식으로 게임의 요소와 기부를 결합한 재미있는 컨셉의 기부사이트입
니다.

사용자가 영어 단어 등의 퀴즈를 맞힐 때마다 쌀알이 10그레인(grains,
0.65g, 약 10톨) 적립되는데, 이렇게 적립된 쌀은 WFP를 통해 기부됩니다.
제공되는 퀴즈는 영어 단어 외에도 영어문법, 수학 연산, 화학기호, 문학/

예술, 지리학, 국가, SAT(미국대학진학적성시험)와 독일어, 스페인어, 프랑스어, 이탈리어 등의 언어를 포함하여 8개 분류의 21개 항목, 총 50레벨로 초보 자부터 전문가까지 참여할 수 있도록 다양하게 제공하고 있습니다.

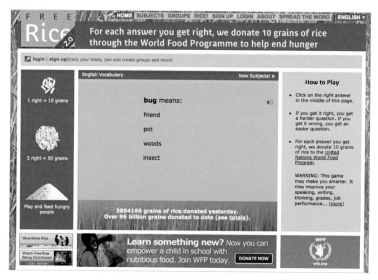

출처 freerice.com

어떻게 적립된 쌀이 기부로 연결될 수 있을까요? 바로 사용자가 사이트에 서 퀴즈를 풀 때마다 사이트 하단에 노출되는 후원기업의 광고 덕분입니다. 사용자가 퀴즈를 풀며 적립되는 쌀은 이처럼 프리라이스를 후원기업들의 광고배너 노출을 통한 후원금을 통해서 전달됩니다.

퀴즈라는 게임요소와 기부를 멋지게 연결한 프리라이스는 애초 WFP에서 시작된 서비스가 아니었습니다. 처음에는 존 브린(John Breen)이라는 컴퓨 터 프로그래머 개인이 아들의 공부를 도와주기 위해 사이트를 제작하면서 시작되었습니다. 마치 칸 아카데미가 조카의 수학 교육을 위해 처음 시작된 것처럼 말이죠.

2007년 10월에 서비스가 시작되었는데, 그 달에만 537,163,380그레인의 쌀이 모금되었습니다. WFP에서 기아해결을 위해 진행한 캠페인을 통해 프리라이스가 알려지면서 11월에는 4,768,969,790그레인의 쌀이, 12월에는 6,948,988,060그레인의 쌀이 모금되었습니다. 프리라이스는 존 브린이 계속 운영을 해오다가 2009년 3월에 WFP에 기부하게 됩니다. 이후, 사용자가 퀴즈를 통해 적립된 쌀이 사이트에 순위별로 표시되고 SNS 보내기와 그룹 등의 새로운 기능이 추가되었습니다.

프리라이스는 미국뿐 아니라 프랑스, 이탈리아, 스페인, 한국에서 자국의 언어로 서비스를 제공했었습니다. 우리나라에서도 2011년에 엔씨소프트에서 사회공헌 사업으로 프리라이스 모바일 앱을 제작하여 서비스를 시작하였으나 아쉽게도 2015년 1월 초에 서비스가 종료되었습니다.

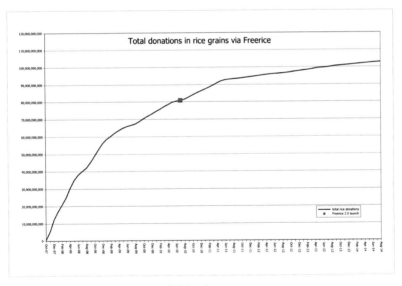

출처 freerice.com

프리라이스는 두가지 운영 목적으로 서비스되고 있습니다. 첫째는 누구에게나 무료로 교육을 제공하는 것이며, 둘째는 굶주리는 사람들에게 무료로 쌀을 제공하여 세계 기근을 없애는 일에 기여하는 것입니다. 존 브린은 서비스를 WFP에 기부했지만, 프리라이스가 아들의 교육을 위해 시작된 사이트인 만큼, 식량지원과 함께 교육의 목적을 함께하고 있습니다.

사이트

- 프리라이스, freerice.com

음식 사진이 굶주린 아이들을 도울 수 있다면?

음식 사진 기부 앱 피디

**"한 끼의 점심 제공이 아닙니다. 아이들의 굶주림뿐 아니라
범죄와 질병의 노출로부터 보호할 수 있습니다."**

스마트폰과 소셜미디어가 대중화되면서 식당에서 주문한 음식이 나오면 재
빠르게 스마트폰을 꺼내 사진을 찍어 온라인에 공유하는 '인증샷'이 일상
화되었습니다. 소셜미디어 서비스에서 사용자는 음식 인증샷을 서로 경쟁
하듯이 업로드하고 있으며, 블로거와 매체들은 인증샷을 잘 찍는 노하우들
을 앞다투어 정리해서 공유하기도 합니다. 인증샷은 이제 취미를 넘어 일상
으로 자리를 잡았습니다. 이러한 인증샷은 개인의 활동을 온라인에 전달하
는 것에 그치지 않고 식당의 음식이나 가구, 인테리어, 액세서리 등 기업의
제품을 소셜미디어 사용자들에게 자연스럽게 알릴 수 있는 입소문 마케팅

(Viral Marketing)의 수단으로도 많은 관심을 얻고 있습니다.

음식 사진을 찍어 공유해주세요.

'피디(Feedie)'는 이러한 인증샷과 입소문마케팅을 활용한 스마트폰 기부 앱입니다. 사용자가 음식 사진을 찍어 소셜미디어로 사진을 공유하면, 남아프리카의 굶주리는 아이들을 위해 기부가 됩니다. 사용법도 매우 간단해서 사용자가 피디에 등록된 식당에 가서 음식을 주문하고 피디 앱을 이용하여 인증샷을 찍어 평소처럼 페이스북이나 트위터 등에 공유하면 됩니다. 그러면 식당에서는 고객들이 올린 음식 사진 한 장당 25센트(약 270원)를 비영리단체인 '런치박스펀드'에 기부합니다.

출처 thelunchboxfund.org

피디 앱을 이용하여 등록된 식당을 검색할 수 있으며, 인증샷 공유를 통해 자신이 기부된 금액이 얼마나 되는지 확인할 수 있습니다. 또한 다른 사람이 공유한 사진에 좋아요를 누르거나 관심친구로 등록할 수 있고 등록된 식당이 얼마나 기부를 했는지도 알 수 있습니다.

일반 사용자는 평소처럼 음식 사진을 찍어 공유하기만 하면 기부가 되기 때문에 공익활동에 손쉽게 참여할 수 있고 식당 입장에서는 고객들이 음식 사진들을 소셜미디어를 통해 홍보하기 때문에 좋은 홍보수단이 될 뿐 아니라 기부라는 공익활동에 참여하는 식당의 이미지 형성에 도움이 될 수 있습니다.

굶주리는 아이들에게 점심을 제공하는 '런치박스펀드'

피디는 굶주리는 남아프리카 아이들에게 매일 점심 식사를 제공하고 학교를 계속 다닐 수 있도록 도와주는 '런치박스펀드(The Lunchbox Fund)'라는 비영리단체에서 개발하였습니다. 런치박스펀드에 의하면 남아프리카 지역의 아이들 중 65%가 제대로 식사를 하지 못한다고 합니다.

피디 앱으로 음식 사진 한 장당 기부되는 25센트는 남아프리카에서는 밥 한끼에 해당하는 금액으로, 전달되는 기부금을 통해 이 지역 학교 아이들에게 매일 식사를 제공함으로써 굶주림을 해결합니다. 또한 아이들이 학교를 계속 다닐 수 있도록 함으로써, 학업능력을 높이고 범죄와 질병의 노출에서 아이들을 보호할 수 있다고 합니다.

출처 thelunchboxfund.org

런치박스펀드는 피디 앱을 통해 연간 25만 끼의 식사를 남아프리카 아이들에게 제공하고 있습니다. 현재 미국을 비롯하여 영국, 네덜란드, 스페인, 남아프리카 등 여러 나라의 식당이 등록되어 있으며, 참여하는 식당을 더 넓혀 연간 100만 끼의 식사를 아이들에게 제공하는 것을 목표로 하고 있습니다.

사이트

- 런치박스펀드, thelunchboxfund.org

걷는 것만으로 히어로가 되는 방법

빅워크

**"한 명이 걷는 천 걸음보다 천 명이 걷는 한 걸음이 더 소중합
니다."**

우리는 생활을 하면서 이동을 위해 하루에도 수십 번을 걷고 있습니다. 출
퇴근을 위해 거리를 걷거나 계단을 오르고, 건강관리를 위한 운동을 위해서
혹은 가벼운 산책을 위해서 계속 걷습니다. 이렇게 길을 걸으면서 아이디어
를 떠올리거나 생각을 정리하기도 하고 기분전환을 하기도 하며, 의도하지
않게 지인을 만나거나 마음에 드는 상점을 만나기도 합니다. 걷는다는 것은
사람이 실천할 수 있는 가장 간단한 행동이면서, 가장 즐겁고 효과적인 행
동입니다.

일상 속의 특별한 걷기, 빅워크

'빅워크(Big Walk)'는 일상 속의 걷기를 더욱 특별하게 만들어주는 서비스로, 걷는 것만으로 기부가 되는 스마트폰 앱입니다. 사용자가 빅워크 앱을 실행한 후에 길을 걷게 되면 GPS를 통해 걸은 거리가 측정되어 10m를 걸을 때마다 1noon이 자동으로 적립됩니다. noon은 빅워크 내의 가상 포인트로, 1noon은 1원의 가치를 가집니다. 이렇게 적립된 포인트는 걸을 수 없게 된 아이들의 의족 제작과 특수휠체어, 수술비 등을 지원하는 기부금으로 전달됩니다. 사용자에게 기부금은 받지 않으며, 기업의 사회공헌사업의 CSR(기업의 사회적책임) 비용으로 후원을 받아 기부금이 전달됩니다.

더 많은 사람들에게
기부의 가치와 재미를 느끼게 하고 싶습니다.

빅워크 '한황희' 대표는 디자이너로 일을 하다가 재능기부에 관심을 두게 되었고 함께 일하던 동료와 함께 사회적기업을 설립하여 '빅워크'를 개발하게 되었습니다. 2012년 4월에 서비스를 시작하여, 기업들과의 캠페인을 통해 매달 장애아동을 위한 캠페인을 진행하였습니다. 2015년 초반까지 22차례의 기부캠페인을 통해 총 17명의 장애 아동에게 수술 및 치료비가 전달되었습니다. 장애아동의 수혜자 선정은 NGO단체인 초록우산 어린이재단을 통해 이뤄집니다.

걸을 때 적립되는 기부금(10m마다 1noon(1원))이 너무 적다고 생각될 수 있지만, 빅워크는 기부의 과정에 있어서 많은 금액보다는 더 많은 사람이 참여하여 기부의 가치와 재미를 느끼게 하고싶다고 합니다. 또한, 기업이 사회공헌의 일환으로 참여하게 함으로써 기업이 적은 금액이라도 의미 있게 지속적으로 사용되어야 한다고 말합니다.

출처 www.bigwalk.co.kr

전 세계의 NGO, NPO 등의 수많은 단체들이 그들의 활동을 위해 사람들의 참여를 늘리고 기부를 활성화하기 위해 노력하고 있습니다. 특히 최근에는 디지털과 스마트앱을 이용하여 간접활동을 통해서 캠페인 참여와 쉬운 기부를 할 수 있는 방식이 많이 시도되고 있습니다. 빅워크 역시 아이들의 의족을 지원하는 목적 이외에도, 간접활동을 통해 소액기부를 활성화하고 쉬운 기부를 할 수 있도록 문화를 만드는 것이 빅워크를 시작하게 된 동기라고 합니다.

사이트

• 빅워크, www.bigwalk.co.kr

키바

더 나은 세상을 위한 투자자가 되어보세요

"키바에서의 기부는 그들과의 교류를 통해 서로의 삶에 관 여하고 도울 수 있는 기회를 제공합니다."

키바(Kiva)는 온라인을 통해 저소득층과 소외계층을 위해 소액의 자금을 빌려주는 마이크로크레디트(microcredit, 미소금융) 서비스로, 2005년 미국 샌프란시스코에서 제시카 잭클리와 매튜 플래너리에 의해 설립되었습니다.

키바의 공동창업자인 제시카는 기존의 기부참여를 유도하는 방식이 가난한 사람들의 불행한 사연을 사진과 이미지를 통해 전달하여 죄책감이 들었으며, 이 때문에 오히려 가난한 사람들과 거리를 두게 되었다고 합니다. 그러던 그녀는 최초의 마이크로크레디트인 그라민은행을 설립한 무하마드 유누스 박사(Dr. Muhammad Yunus)의 강연을 들은 후 감명을 받아 다니던 직장을 그만두고 아프리카로 떠났습니다. 그곳에서 현장을 직접 경험한 그녀는 동료인 메튜와 함께 키바 사이트를 만들어 온라인을 통한 마이크로크래디트 사업을 시작하게 되었습니다.

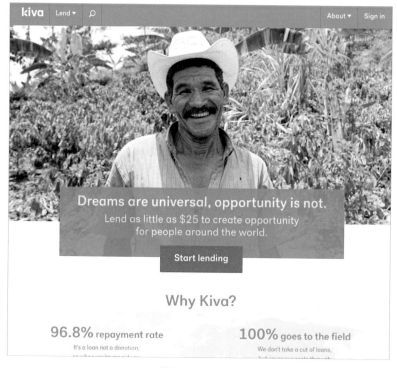

출처 www.kiva.org

삶을 변화시키는 대출

키바(Kiva)는 아프리카 스와힐리어로 '거래, 합의'이라는 의미를 가지고 있습니다. 기존의 금융서비스처럼 돈을 직접 빌려주지는 않으며, 돈이 필요한 사람과 투자자를 연결하여 '거래'가 일어나게 하는 온라인플랫폼의 역할을 하고 있습니다. 은행 등의 중간 기관을 거치지 않고 키바의 온라인 시스템을 이용하여 당사자간에 돈을 직접 거래하는 방식(P2P뱅크)으로 운영됩니다. 2005년에 사업을 시작하여 지난 12여 년간 키바 사이트를 통해 가난한 사람들에게 빌려준 돈은 약 10억 달러에 이르며, 전 세계 81개국의 180만 명이 참여하여 310만 건의 대출이 진행되었으며, 무려 96.8%의 대출 상환율을 기록하고 있습니다.

키바에서는 모든 사람들이 대출을 신청할 수는 없으며, 돈을 갚을 능력이 있는 예비사업가들이 대출을 신청할 수 있습니다. 돈이 필요한 사람들이 돈의 사용계획을 사연으로 작성하여 키바 사이트에 등록한 후 일정기간을 두고 대출금을 모으게 됩니다. 키바의 회원들은 돕고 싶은 사연의 사업을 선택하고 투자자가 되어 일정액의 돈을 빌려주게 됩니다. 인디고고나 킥스타터 등의 클라우드펀딩 플랫폼과 유사한 방식으로 돈이 필요한 하나의 사연에 여러 회원이 투자할 수도 있습니다. 돈이 필요한 사연에는 식사와 거주의 해결이나 가축과 비료를 사는 일상부터 생산품을 만들어 팔기 위한 재료비 구입, 분쟁지역과 교육의 문제 해결을 위한 사업에 이르기까지 다양합니다. 투자금액은 서비스 초기에 계좌당 25달러로 한정되어 있었지만, 현재는 25달러부터 최대 500달러까지 참여할 수 있습니다. 투자금액은 신용카드로 결제하게 되며, 전자결제시스템 회사인 페이팔(Paypal)의 후원으로 별도의 수수료 없이 돈이 필요한 사람에게 전달되고 있습니다.

대출을 성공한 후에는 돈을 빌려준 사람들의 사업이 어떻게 진행되고 있는지, 그 사업으로 인해 그들의 삶과 사회가 어떻게 변화되고 있는지에 대한 소식이 키바 사이트에 지속적으로 업데이트됩니다. 이로서 돈을 빌린사람과 투자자 사이에 소통과 정보 공유가 지속적으로 이루어지게 됨으로써, 단순히 돈을 빌리고 빌려주는 관계가 아닌, 삶의 변화를 함께 공유하는 정서적인 공감대를 형성하게 됩니다. 이는 또한 대출금에 대한 사용내역을 투명하게 보여줌으로써 회원들의 신뢰를 얻는 중요한 역할을 하고 있습니다.

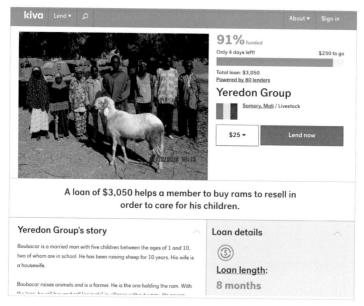

출처 www.kiva.org

돈이 필요한 사람에게 자금을 빌려주고 상환을 하는 금융서비스에는 대출금에 대한 이자가 발생하게 됩니다. 그런데 이 이자를 돈을 빌려준 투자자에게 지급하려면, 정식 금융기관으로부터 허가를 받아야 하는 복잡한 절차를 거쳐야 합니다.

이를 해결하기 위해 키바는 마이크로크레디트 서비스지만, 돈을 빌려주는 투자자는 '대출금'이 아닌 '기부금'의 무이자를 조건으로 빌려주는 방식으로 운영하고 있습니다. 빌린 돈을 갚아야 하지만, '기부금'의 형식으로 상환에 대한 법적 책임을 묻지 않기 때문에, 대출자가 돈을 갚지 못하면 원금을 돌려받지 못하는 경우가 생길 수 있습니다. 그러나 이러한 위험요소에도 불구하고 온라인으로 수억 달러의 대출금이 거래되고 대출상환율이 97%에 이르는 것은 무척 놀라운 일입니다.

키바의 성공을 돕는 수많은 파트너(field partner)

키바 서비스가 성공적으로 자리를 잡고 성장할 수 있었던 것은 키바와 유기적으로 협력하는 파트너가 있기 때문입니다. 특히, 지역 금융기관들로 구성된 '지역파트너(field partner)'의 역할이 중요했습니다.

키바에 등록된, 돈을 빌리려는 사람들의 사연에는 담당하는 지역파트너의 정보가 함께 표시되어 있습니다. 담당 지역파트너들은 키바 운영자와 투자자를 대신하여 대출의 심사와 관리, 회수 등의 역할을 합니다. 돈이 필요한 사람이 제대로 선정되었는지, 대출을 받은 사람들이 돈을 제대로 사용하는지를 확인하고 관리하며, 대출된 돈도 담당 지역파트너를 통해 돈이 필요한 사람에게 전달됩니다. 마이크로크레딧의 금융시스템에서 키바와 투자자가 해야 하는 일을 지역파트너가 하고 있는것입니다. 지역파트너의 역할로 키바의 돈의 흐름을 보다 확실하게 함으로써 서비스의 신뢰를 높일 수 있었습니다.

지역파트너를 운영하게 되면 인력과 시간, 장소등의 운영비용이 발생하게 되는데, 이를 위해 돈을 빌린 사람들을 통해 대출 상환 시 원금의 22%의 대출이자를 요구하고 있습니다. 투자자는 무이자로 돈을 빌려줬는데, 중간관리자인 지역파트너가 대출이자를 받는것이 잘 이해되지 않겠지만, 키바라는 신뢰기반의 커뮤니티 시스템을 유지하고 운영하기 위한 비용을 충당하는 것으로 어느 정도 납득이 됩니다.▲

키바에는 현재 전 세계 80여개국에 335개의 지역파트너가 활동하고 있습

▲ 그라민은행 역시 이러한 운영비용을 위해 지역파트너가 20%의 대출이자를 받고 있습니다.

니다. 지역파트너 외에도, 키바를 후원하는 50여 개의 후원파트너가 있습니다. 휴렛패커드(HP)와 신용평가사인 무디스(Moddy's), 인텔 등의 글로벌 기업과 스콜재단, 오미디야르 네트워크, 록펠러재단, 나이츠재단, 아쇼카 재단 등의 세계적인 재단과 단체가 함께 하고 있으며, 페이팔이나 구글, 페이스북 등 IT기업도 함께합니다. 파트너들은 대부분 키바의 운영을 위한 자금을 '기부'하고있지만, 키바의 온라인 서비스를 위해 전자결제 시스템이나 서버 네트워크 등의 기술적인 지원을 하기도 합니다.

참고 **그라민은행(Grameen Bank)**

경제학자였던 무하마드 유누스박사는 방글라데시아의 한 여인과 마을주민들이 하루종일 번 돈의 대부분을 고리대금업자에게 빌린 돈의 이자로 갚으면서 빈곤에서 벗어나지 못하는 모습을 보았습니다. 그들이 빌린 돈은 불과 27달러. 유누스 박사는 27달러를 마을주민들에게 빌려주고 방글라데시의 은행에 찾아가 가난한 사람들에게 소액대출을 하도록 제안했습니다. 그러나 기존의 은행들은 그들이 담보가 없기 때문에 빌려줄 수 없다고 합니다.

그래서 유누스 박사는 1983년 가난한 사람들을 위한 '그라민은행'을 직접 설립합니다. 그라민은행은 150달러 미만의 돈을 하위 25%의 사람들에게 무담보와 신원보증없이 돈을 빌려줍니다. 빌린 돈은 오랜 기간에 걸쳐 낮은 이자로 갚아나갈 수 있습니다. 또한 돈을 갚지 못한다고 법적 책임을 묻지도 않습니다. 그럼에도 불구하고 그라민은행의 대출 상환률을 놀랍게도 98%에 이르렀습니다. 더불어 많은 시민들이 가난에서 벗어날 수 있게 되었고 이러한 업적을 인정받아 2006년 유누스 박사와 그라민은행은 노벨평화상을 수상하였습니다.

신뢰를 기반으로 하는 커뮤니티 시스템

키바로 인해 돈이 필요한 전 세계의 가난한 사람들이 연결되었고 그들의 삶이 변화되었습니다. 서로가 만난 적도 없고 돈을 돌려받지 못할 수도 있는데도 수백만의 사람들이 자신의 돈을 선뜻 빌려주었습니다. 정말 놀라운 일입니다.

이것은 키바가 인터넷을 통하여 돈의 사용처를 명확히 밝히고 지역파트너와의 협업으로 대출의 심사와 관리를 철저히 하는 등 사업의 운영에 있어 투명성으로 서로 간에 신뢰를 쌓은 결과일 것입니다. 이는 키바가 애초부터 서로를 신뢰하는 사회시스템으로 설계되고 시작되었기에 가능한 것이라 생각합니다.

키바의 공동창업자인 제시카는 TED 강연에서 그들의 '신뢰'에 대해 다음과 같이 말합니다.

"자원을 이동시키는 것이나 도구 등은 잊어도 됩니다. 그것들을 매우 쉬운 일입니다. 서로를 믿고 우리 각자가 세상에서 놀라운 일을 할 수 있다는 굳은 확신 그리고 그 일을 열심히 하는 것. 저는 이것들이 세상을 변화시키고 보다 나은 내일을 만들 것이라 믿습니다."

사이트

- 키바, www.kiva.org
- TED, 가난, 돈 그리고 사랑, goo.gl/VKZeHn

▼

누구나 사회문제 해결을 위한 주인공이 될 수 있습니다
온라인 자원봉사 플랫폼

"이웃이나 친구에게 매번 도움을 요청하는 것이 불편이 될 수 있습니다. 이 앱은 언제나 마음 편히 도움을 요청할 수 있게 합니다."

길을 걷다가 길을 물어보는 사람에게 길을 알려준다거나 무거운 짐을 들고 계단을 내려가는 노인분의 짐을 들어줄 수 있는 것처럼, 사회문제 해결을 위한 거창한 주제가 아니더라도, 우리의 이웃과 사회를 위해 작은 실천을 할 수 있습니다. 그러나 도움이 필요한 곳을 찾아 조금 더 적극적으로 생각 하게 되면 상황이 달라집니다. 나의 도움을 필요로 하는 곳은 어디인지 또 그들을 어떻게 도와야 하며, 그들은 믿을 만한 사람들인지… 일부러 시간을 내 이러한 정보를 찾아보기란 쉽지 않은 것이 현실입니다. 그러나 시간과 공간의 제약 없는 디지털세계에서는 도움을 필요로 하는 곳과 도움을 주려는 사람들이 서로 손쉽게 연결되어 자신의 자원을 나눌 수 있습니다. 언제 어디서나 말이죠.

여기 사회문제를 해결하기 위해 도움이 필요한 사람들과 자원봉사자들을 연결시켜주는 특별한 온라인 서비스를 살펴봅니다.

내 눈이 되어주세요, 비마이아이즈

출처 www.bemyeyes.com

시각장애인은 아침에 일어나 알람시계를 찾아 끄는 것에서부터, 식사를 하고 옷을 입고 길을 나서는 일상의 모든 순간이 힘들고 어렵습니다. 때문에 시각장애인에게는 어느 특별한 날 하루가 아닌, 매순간 순간 타인의 도움을 필요로 합니다. 비마이아이즈(BeMyEyes)는 스마트폰을 이용하여 도움을 필요로 하는 시각장애인과 자원봉사자를 실시간으로 연결해주는 서비스입니다.

스마트폰의 카메라 기능을 이용하여 자원봉사자가 시각장애인의 눈이 되어

주게 됩니다. 시각장애인이 도움이 필요한 상황에서 비마이아이즈를 통해 화상통화로 도움을 요청하면, 자원봉사자에게 알림이 전달됩니다. 알림을 전달받은 자원봉사자는 화상통화로 시각장애인의 눈을 대신하여 상황을 확인하고 도움을 주게 됩니다.

자원봉사자들은 비마이아이즈 앱을 이용해 시각장애인을 대신하여 길거리의 표지판을 읽어주거나 우유의 유통기한 또는 영수증의 금액을 대신 확인해줄 수 있습니다. 앞에 놓인 사진의 모습이나 스웨터의 색깔을 말해줄 수도 있지요. 자원봉사자가 항상 곁에 있는 것은 아니지만, 비마이아이즈를 통해 시각장애인이 도움을 요청할 때면 언제든지 도와줄 수 있습니다.

비마이아이즈를 처음 시작하면 '보인다(I am sighted)'와 '안 보인다(I am Blind) 중 하나를 선택하여 시각장애인 또는 자원봉사자를 선택하게 되는데, 지금까지 12만 명의 시각장애인과 200여만 명의 자원봉사자가 등록되어 일상생활에서 시각장애인들에게 많은 도움을 주고 있습니다. 앱을 통해 자원봉사자가 도움을 줄 때마다 서로에 대한 평가를 등록하고 포인트를 받게 되는데, 이 포인트는 자원봉사자의 평가 기준이 됩니다.

비마이아이즈는 시각장애를 겪고 있는 '한스 바이버그(Hnas jorgen Wiberg)'가 시각장애인이 일상생활에서 바로바로 도움을 받을 수 있도록 하기 위한 아이디어를 구상하다 탄생하였습니다. 이 아이디어는 덴마크의 VELUX 재단과 시각장애인 협회 등으로부터 30만 달러의 후원을 받게되었고 개발회사인 로보켓(Robocat)의 지원으로 개발되었습니다. 애플의 iOS 버전과 안드로이드 버전으로 모두 배포되어 전 세계 150여 개국에서 180여 개의 언어로 서비스되고 있습니다. 개발된 앱은 오픈소스로 온라인에 공개되어 있어 누구나 기능 개선에 참여할 수 있도록 하고 있습니다.

비마이아이즈를 기획한 '한스 바이버그'는 매체와의 인터뷰에서 자신의 아이디어를 다음과 같이 이야기합니다.

"시각장애인이 지인이나 친구에게 하루에 한두번 도움을 받을 수는 있습니다. 그러나 매번 '미안해 도와줘'라고 요청하는 것은 서로 매우 불편한 일이 될 수 있습니다. 비마이아이즈를 이용하면 언제나 도움을 요청하고 받을 수 있게 됩니다."

여러분의 전문기술을 사회 변화를 위해 사용하세요
캐차파이어(Catchafire)

캐차파이어는 2009년 뉴욕에 설립된 소셜벤처로, 전문 기술을 가진 자원봉사자와 이들의 도움이 필요한 비영리단체를 연결시켜주는 온라인 플랫폼입니다.

때때로 우리는 자신의 재능을 기부하기 위해 인터넷으로 자원봉사가 필요한 곳을 찾아보지만, 나의 재능이 필요한 곳인지 제대로 알기 어렵습니다. 혹은 용기를 내어 기관에 찾아가더라도 생각하던 활동과는 달라서 자원봉사의 만족감은커녕 하루를 낭비했다는 답답함을 안고 집으로 돌아오는 경우도 간혹 생깁니다. 비영리단체의 입장에서도, 선의를 가지고 자원봉사를 지원하는 의도는 감사하지만, 우리에게 정말 필요한 분야의 사람인지 확인할 길이 없으니 답답하기는 마찬가지일 겁니다.

캐차파이어는 이러한 점에 착안하여 단순 중계에 머무르지 않고 자원봉사자와 비영리단체 양쪽 모두에게 가장 적합한 상대를 연결시켜주는 매칭(match-making) 서비스를 제공합니다. 캐차파이어의 설립자인 레이철 충

(Rachael Chong)은 은행에서의 근무 경험으로 쌓은 자신의 '금융지식'으로 자원봉사를 할 수 있는 곳을 찾다가 제대로 찾지 못해 지쳐버렸는데, 이 경험을 바탕으로 캐차파이어를 기획하게 되었습니다.

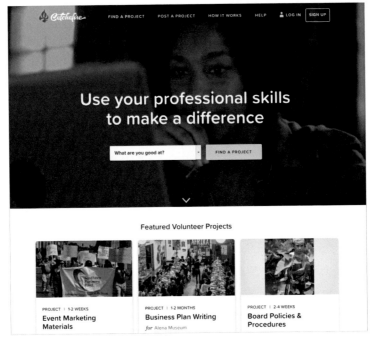

출처 www.catchafire.org

캐차파이어는 비영리단체등 사회공헌 조직의 역량을 위해 의미 있는 자원봉사 경험을 가진 전문가를 연결하는 것을 미션으로 하고 있습니다. 그들의 미션을 위해 캐차파이어 서비스는 자원봉사 등록에 많은 신경을 쏟았습니다. 전문가들이 자원봉사를 등록할 때, 자신의 경력이나 기술 분야에 해당하는 설문을 반드시 진행해야 합니다. 진행되는 설문으로 등록한 경력과 기술정보가 타당한지 점검함으로써, 자원봉사자에게 더 정확한 매칭서비스를 제공합니다.

또한 자원봉사자들이 자신의 전문성을 살릴 수 있는 프로젝트를 찾을 수 있게, 분야와 그에 따른 업무를 세분화하여 약 80여 개의 분류로 프로젝트의 정보를 제공하고 있습니다. 비영리단체들 역시 전문가의 정확한 매칭서비스를 제공받기 위해서는 상세한 분류에 따라 단체와 프로젝트에 대한 정보를 보다 성실히 작성해야 합니다.

캐차파이어는 등록된 비영리단체가 원하는 자원봉사자를 연결하고 프로젝트의 홍보·운영을 해주는 대가로 매달 약 200달러의 수수료를 받아 서비스를 운영합니다. 캐차파이어는 현재 자원봉사를 희망하는 사진작가, 전문회계, 디자인, 번역, 데이터분석, 웹 개발 등 다양한 분야의 전문가가 등록되어 있습니다.

사이트

- 비마이아이즈, www.bemyeyes.org
- 캐차파이어 프로젝트, www.catchafire.org

사회 변화를 위한 협력 네트워크

크라우드소싱 플랫폼

"모든 사람이 사회 변화를 만들어내는 체인지메이커입니다."

사회문제에 대한 혁신적인 해결책을 제시하고 발전시키는 사람들을 아쇼카 재단에서는 '체인지메이커(changemaker)'라고 합니다. 시간과 장소의 제약 없이 전 세계가 연결된 디지털세상에서 체인지메이커들의 활약은 더욱 강력해질 수 있습니다.

크라우드소싱, 아쇼카재단 체인지메이커스

출처 changemakers.com

체인지메이커(Chanagemakers)스 아쇼카재단이 사회문제 해결을 위해 활동하는 '사회적기업가'를 적극적으로 발굴하고 지원하기 위해 1997년에 개설한 온라인 사이트입니다. 사회문제 해결을 위해 비영리단체와 비정부기관(NGO), 공공기업, 민간기업, 정부부처 등 다양한 계층의 참여자들이 모여 정보와 자원을 교류하는 온라인 플랫폼의 역할을 하고 있습니다. 체인지메이커스에는 활동가(innovator)와 투자자(investor), 지지자(advocate)의 역할을 하는 참여자들이 사이트를 통해 아이디어와 노하우 그리고 자원등을 공유합니다.

> **참고** **아쇼카재단(ashoka.org)**
>
> '사회적기업'을 지원하는 비영리단체로 창립자 빌 드레이턴에 의해 워싱턴DC에서 1980년 예산 5만 달러로 시작된 재단입니다. '아쇼카'는 기원 전 3세기 고대 인도에서 대제국을 건설한 황제의 이름으로, 아쇼카 황제를 사회 개혁의 선두주자로 보았기 때문에 재단이름으로 인용하게 되었다고 합니다. 현재 아쇼카재단은 아프리카와 아시아, 유럽, 아메리카, 중동 등에 25개의 지역사무소에 160여명의 직원이 근무하고 있습니다. 60개국에 걸쳐 사회문제 해결과 사회변화를 위한 여러 프로그램들을 실행하였고 '아쇼카팰로우십' 프로그램을 통해 3000명 이상의 사회활동가를 지원하고 있습니다. 아쇼카재단은 재원의 공정성을 위해 정부로부터 어떤 지원금도 받지 않는 것을 원칙으로 하고 있습니다.

전 세계에서 활동하고 있는 비영리단체나, 사회적기업 그리고 개인 등의 활동가(innovator)들은 사회문제 해결을 위한 프로젝트를 개설하여 자신의 아이디어를 체인지메이커스 사이트 공개합니다. 그런 후 사이트에 방문하는 참여자들을 대상으로 자신의 아이디어를 실행하기 위한 인재와 재원, 네트워크를 모집합니다. 혹은 진행중인 사회문제 해결 대회(competition)에 참여하여 프로젝트의 실행을 위한 자금을 지원 받을 수 있습니다. 또한, 필요한 재원의 확보 뿐만 아니라 온라인을 통해 다른 참여자들이 아이디어와 노하우를 함께 공유함으로써, 공개된 자신의 아이디어를 수정하고 개선하는 활동가들간의 협업이 이루어지기도 합니다.

투자자(investor)는 프로젝트의 실행에 필요한 물질적 자원을 제공하고 커뮤니티를 형성하는 역할을 합니다. 이들은 전 세계를 대상으로 사회문제 해결을 위한 아이디어를 접수받아 상금을 수여하는 대회를 진행합니다. 인신매매방지나 국가와 세대간의 갈등해결, 저소득층을 위한 시장전략, 윤리적 사회, 최빈국에서의 스포츠활동 등 인권과 권익 향상을 위한 주제의 대회를 내걸고 아이디어를 접수받아 이를 시상합니다. 나이키, 이베이, 구글, 인텔, 베링커인겔하임, 네셔널지오그래픽, 레고 재단 등의 글로벌 기업들이 대회를 개최하거나 프로젝트를 지원하는 활동을 하고 있습니다.

끝으로, 사회문제 해결에 관심을 가지고 있는 개인과 기업등의 지지자(advocate) 그룹이 있습니다. 이들은 자신들이 관심 있는 분야의 프로젝트에 의견을 더하기도 하고 때로는 자신이 가지고 있는 전문성이나 기술 등을 프로젝트를 위해 '재능기부'를 하기도 합니다.

활동가와 투자자, 지지자의 역할을 하는 참여자들은 이 같은 활동 중에서 사이트를 방문하는 또 다른 개인이나 기업, 단체들과 서로 협력관계가 맺어

지기도 합니다. 이러한 협력을 통해 사회문제를 광범위하고 합리적인 방법으로 해결해나가고 있습니다. 인도의 대형 은행이 농촌 여성들의 삶의 질 개선을 위한 프로그램을 지원하기도 하고, 국제적인 시멘트 제조 및 건설회사가 태국의 집 없는 사람들을 위해 집짓기 프로젝트를 지원한 것 등이 대표적인 사례입니다.

체인지메이커스에서는 이러한 참여와 협력을 통해 2005년부터 지금까지 125개국에서 70개의 사회혁신 공모대회가 개최되어, 2만 개가 넘는 사회혁신 프로젝트를 통해 6억 달러 이상의 자금이 모였습니다.

크라우드 펀딩, 인디고고 제너러시티

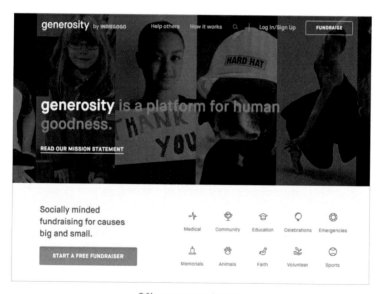

출처 www.generosity.com

인디고고(indiegogo)는 2008년에 서비스를 시작한 세계 최초의 크라우드 펀딩 서비스이며, 킥스타터와 함께 세계에서 가장 큰 규모의 대표적인 크라우드펀딩 서비스입니다. 킥스타터가 문화, 예술, 기술 분야의 프로젝트만을 운영하고 있는 것과는 달리, 인디고고는 그 외에도 자선, 후원등 다양한 분야의 프로젝트에 대한 모금활동을 허용하고 있습니다.

인디고고에서 실행된 대표적인 모금 사례를 몇 개 살펴보겠습니다. 2013년 파킨스연구소 임상센터에서 파킨스병을 앓고 있는 사람들을 위한 치료비를 모금하는 프로젝트를 개설하여 55만 달러가 모금되었으며, 2012년에는 태풍 '샌디'로 폐허가 된 지역을 도와주려는 여러 모금활동이 진행되어 1년 반 동안 108만 달러가 모금되었습니다. 2014년에는 Code.org라는 단체에서 학생들에게 코딩교육을 가르치기 위해 진행한 Hour of Code 프로젝트에 500만 달러가 모금되기도 했습니다.

이처럼 비영리의 모금활동이 커지자 인디고고에서는 사회를 위한 비영리 활동에 대한 강한 필요성을 느꼈고 이에 개인모금을 진행할 수 있는 '인디고고-라이프(Indiegogo-life)서비스를 2014년 11월에 새롭게 선보였습니다 그리고 1년간의 운영을 토대로, 2015년 10월 인디고고-라이프를 새롭게 확장한 서비스인 '제너러시티(Generosity)'를 새롭게 런칭하였습니다. 제너러시티는 인디고고가 비영리 모금활동을 지원하기 위한 크라우드펀딩 사이트로, 개인과 비영리단체가 사회 변화를 위한 모금활동을 진행할 수 있습니다.

제너러시티의 가장 큰 특징은 크라우드펀딩을 통한 수수료가 전혀 없다는 것입니다. 일반적인 크라우드펀딩 서비스들은 카드결제 수수료와 서비스 운영비등을 위해 8%~ 15%의 수수료를 책정하고 있습니다. 100만 원이 펀딩이 되면, 해당 수수료를 제하고 프로젝트 개설자에게 전달되는 것이지요. 그러나 제너러시티에서는 수수료가 없기 때문에 모금활동으로 전달된 기부금 전부가 비영리를 위한 프로젝트에 사용될 수 있습니다. 또한, 제너러시티에서는 모금활동을 위한 프로젝트를 개설하는 데 별도의 절차가 필요 없으며, 모금의 목적과 목표액을 정하면 바로 모금활동을 진행할 수 있도록 하고 있습니다.

사회문제 해결을 위한 온라인모금에서 비영리단체임을 증명하는 복잡한 과정을 거치는 경험을 해봤다면, 제너러시티의 프로젝트 개설 절차에 매우 편리함을 느낄 것입니다. 이 덕분에 인디고고에서의 비영리 모금의 규모는 22개 모금영역 중 세 번째로 큰 비중을 차지하고 있으며, 최근에는 개인모금뿐 아니라 비영리단체까지도 확대되고 있습니다.

사이트

- 체인지메이커스, www.changemakers.com
- 제너러시티, www.generosity.com

5장
더 나은 사회, 더 나은 세상을 위해
디지털 시티

> **"디지털 기술이 우리가 사는 사회와 도시를 보다 편리하고 안전하게 만들 수 있습니다."**

디지털의 시대, IT의 발전으로 빠른 경제발전과 더불어, 우리가 사는 도시와 사회를 보다 편하고 안전하게 만들어가고 있습니다. 다양한 감지센서와 자동항법 시스템 등의 디지털기술을 활용하여 운전자와 보행자를 보호하여 교통사고를 줄여나가고 GPS 등의 위치추적장치를 이용하여 미아발생을 방지합니다. 또한, 다양한 디지털센서를 활용하여 신체가 불편한 사람들에게는 눈과 귀가 되어주는 등 시민들의 안전한 생활을 만들어나갑니다.

한편으로는, 시민들의 생활데이터 분석을 통한 디지털 행정으로 시민의 요구를 예측하고 생활의 편리함과 행복도를 높입니다. 이와 더불어 디지털기술을 이용한 친환경의 에너지개발로 자연친화적인 깨끗한 도시, 깨끗한 세상이 만들어지고 있습니다.

아직 SF 영화에서 나오는 하늘을 나르는 자동차도, 거리를 스스로 걸어다니는 로봇들도 볼 순 없지만, 다양한 디지털기술이 사회 곳곳에서 시민의 삶과 안전을 위해 활약하고 있습니다. 특히나, 현재 뜨거운 관심을 모으고 있는 무인자동차 기술을 통해 교통사고로 목숨을 잃는 일은 사라질 지도 모릅니다. 사람과 사회를 위해 디지털이 더 많이 시도되고 고민된다면, 우리는 더 행복하고 안전한 더 나은 세상으로 한발 한발 나아갈 수 있을 것입니다.

세상을 변화시킬 구글의 도전

구글 X 랩

"기술이 사회를 진보시킬 수 있다고 구글은 늘 낙관하고 있습니다. 현재의 자동차에 만족하지 않고 무인자동차를 끊임없이 개선하려는 이유이기도 합니다."

첨단의 IT를 보유하고 있는 구글은 검색이나 영상, 이메일 등의 온라인 서비스 이외에도 자신들의 기술력을 실생활에 적용하려는 많은 시도들을 하고 있습니다. '구글 X 랩(Google X Lab)'은 이러한 첨단 디지털 기술의 혁신을 통해 세상을 바꿀 아이디어를 연구·개발하는 구글 내부의 비밀 연구 조직으로 구글의 공동 창업주인 래리 페이지와 세르게이 브린의 지시로 만들어졌다고 알려져 있습니다.

건강에서 친환경 에너지까지,
사회변화를 일으킬 구글의 문샷 프로젝트

이곳에서 진행되는 연구는 SF 영화에나 나올 법한 다소 황당한 기술이 대부분입니다. 당장은 실현 가능성이 없어 보이고 무모해 보이기도 합니다. 그러나 만약 실현된다면 사회 전반에 걸쳐 엄청난 변화를 가져올 수도 있는 영향력 있는 연구들이기도 합니다. 구글은 이 프로젝트를 '문샷(moonshot) 프로젝트'라고 불렀으며, 진행되는 프로젝트의 보안이 철저하여 구글 사원들조차 그 존재를 제대로 알지 못했다고 합니다.▲

2016년에는 조직명을 '구글 X 랩'에서 'X'로 변경하였고, 구체적인 가능성을 보인 일부 문샷 프로젝트 14개를 공개하고 연구를 진행하고 있습니다.

스마트 콘택트 렌즈(Smart Contact Lens)
당뇨병은 현대인의 19명 중 1명이 걸리는 심각한 질병으로, 합병증 등 각종 질환을 동반하기에 평소에 지속적인 혈당수치 체크가 필요합니다. 때문에, 당뇨병 환자들은 하루에도 몇 번씩 피를 내어 측정계로 혈당 수치를 측정해야 하는 번거로운 일을 해야 합니다. 이러한 문제를 해결하기 위해 콘택트 렌즈를 통해 당뇨병 환자들의 혈당 수치를 측정할 수 있는 프로젝트를 진행하고 있습니다. 콘택트 렌즈 속에 아주 작은 센서와 무선장치를 장착하고 눈물을 통해 당뇨병 환자들의 혈당 수치를 실시간으로 정확히 측정할 수 있게 한다고 합니다. 실시간으로 혈당을 체크하다가 혈당 수치에 변화가 있을 때 환자에게 이를 신속하게 알려줍니다.

▲ 문샷이란, 인류의 달 착륙이 무모하고 어려운 시도였지만, 달 착륙에 성공하면서 이후 인류에 엄청난 발전과 영향력을 발휘한 것처럼 어렵고 때로는 황당하지만, 성공했을 때 엄청난 파급효과가 있는 프로젝트를 비유합니다.

룬 프로젝트(Loon - Internet balloons)

출처 loon.co

우리나라를 비롯하여 인터넷 선진국은 유-무선의 인터넷 인프라가 널리 보급되어 있지만, 뉴질랜드와 아프리카 등의 개발도상국에서의 인터넷 환경은 매우 어렵습니다. 인터넷 연결은 물론 컴퓨터의 보급률도 현저하게 낮은 것이 현실입니다. 구글의 '룬 프로젝트'는 인터넷에 연결되지 못한 전 세계 오지에 인터넷을 보급하기 위한 프로젝트입니다. 태양전지와 통신장비를 실은 열기구(풍선)를 지상 20km 상공에 띄워 무선인터넷을 지상에 제공한다는 목표를 가지고 있습니다. 인터넷 열기구를 이용하여 하늘에서 인터넷을 보급하기 때문에, 인터넷을 연결을 위한 지형적인 제약(산맥이나 사막 등)이 거의 없어지고 장비 설치 비용 또한 매우 저렴해진다고 합니다. 룬 프로젝트는 2013년에 뉴질랜드에서 30여 개의 열기구를 띄워 첫 WIFI 연결에 성공한데 이어, 2014년에는 LTE 연결에 성공하였습니다. 이후 통신사들과의 협력을 통해 다양한 환경에서의 인터넷 연결을 위한 프로젝트를 본격적으로 진행하고 있습니다.

무인자동차(Waymo – Self driving cars)

자동차 기술 분야에서 '테슬라'사의 전기자동차와 함께 가장 이슈가 되고 있는 것이 무인자동차 프로젝트입니다. 구글X의 첫 공식 프로젝트 이기도 한 무인자동차는 말 그대로 사람이 운전하지 않고 자동으로 움직이는 자동차 시스템으로, 최근에 물류와 자동차 산업 분야에서 가장 주목받는 기술이 되었습니다. 구글은 2009년부터 일반 차량을 개조하여 무인 주행 자동차를 개발하여 시험 주행을 해 왔습니다. 무인자동차는 비디오 카메라, 방향 표시기, 인공지능 프로그램, GPS와 다양한 센서를 통해 스스로 주행을 하며, 최근에는 구글 뿐 아니라 다른 자동차제조사와 대학등에서 무인자동차에 대한 연구가 활발하게 진행되고 있습니다. 구글의 무인자동차 프로젝트의 핵심 인력인 서배스천 스런(Sebastian Thrun)은 18살에 교통사고로 친한 친구를 잃었고 그로 인해 사람의 목숨을 구하기 위해 자동차 연구에 몰두했다고 합니다. 그는 무인자동차 프로젝트에 대해 '자동차 사용을 근본적으로 혁신함으로써 교통사고를 줄이고 생명을 살리며, 교통체증으로 인한 시간 소비와 탄소배출 감축을 위하는 것' 이라고 말하고 있습니다.

마카니 파워(Makani Power)

보통 풍력발전은 지상 수십 미터의 기둥에 커다란 프로펠러가 한가롭게 돌아가는 모습이 쉽게 떠오릅니다. 풍력은 고도가 높을수록 더 세찬 바람이 불기 때문에 더 많은 에너지를 생산할 수 있지만, 이를 위해 지상으로부터 한없이 높은 기둥을 올리는 데는 한계가 있습니다. '마카니 파워' 프로젝트는 연이나 글라이드 등 무동력 비행장치에 풍력 발전 터빈을 실어 높은 하늘에 띄워, 바람의 힘으로 청정 에너지를 만들려는 프로젝트입니다. '마카니 파워'는 원래는 친환경 에너지 생산을 위한 스타트업이었으나, 이전부터 친환경 에너지 연구에 많은 관심을 가지고 있던 구글이 인수를 하여 구글X 랩 프로젝트에 합류하게 되었습니다. 그들은 연구를 통해 2010년 테스트 장비로 10kW(킬로와트)의 첫 친환경-에너지 생산에 성공하였습니다. 이후 비행장치의 연구와 개선을 거듭하여 2016년에는 날개길이 26M의 비행장치를 통해 미국 300여 가구에 전기를 공급할 수 있는 600kW의 에너지 생산에 성공하였습니다.

더 나아가 연구진들은 만약 현존하는 가장 큰 비행기체인 747 여객기를 활용한다면 약 6MW(메가와트)의 에너지 생산이 가능하여, 기상에서 가장 큰 풍력발전소보다 더 큰 에너지를 생산할 수 있다고 이야기합니다.

사이트

- 룬 프로젝트, loon.co
- 마카니 파워, x.company/makani
- 무인자동차 웨이모, waymo.com

우리의 삶과 세상을 이롭게 하는 기술

MIT 플루이드인터페이스그룹

"우리의 일상생활에서 디지털 정보가 더 잘 사용될 수 있
도록 인터페이스를 연구하고 우리의 삶을 풍요롭게 만들기
위해 노력합니다."

MIT 미디어랩은 매사추세츠 공과대학교의 연구소로, 제3세계 어린이들을
위한 '100달러 노트북' 프로젝트로 잘 알려진 컴퓨터 과학자 니콜라스 네
그로폰테 교수와 당시 MIT 학장에 의해 1985년에 설립되었습니다. 주요
연구 분야는 디지털 기술을 이용한 표현과 커뮤니케이션을 위한 방법 연구
이며, 핵심기술과 다양한 응용분야를 융복합하여 새롭고 흥미로운 방법으
로 연구를 하고 있습니다.

더 많은 혜택과 기회로 삶을 풍요롭게 하는
디지털 인터페이스 프로젝트

플루이드인터페이스그룹(Fluid Interfaces Group)은 이러한 MIT 미디어랩에 소속된 프로젝트 그룹으로, 독특하고 새로운 디지털 인터페이스 제품들을 연구하여 선보이고 있습니다. 이 그룹의 목적은 우리의 일상생활에서 디지털 정보가 더 잘 사용될 수 있도록 인터페이스를 연구하고 이를 통해 궁극적으로 우리의 삶을 풍요롭게 하는 기회를 제공하는 것에 있습니다. 단순히 기술을 과시하는 것이 아니라, 디지털 기술 안에서 많은 사람들에게 혜택과 기회를 주는 것에 더 중점을 두고 있습니다. 15여 명의 연구원이 참여하여 매년 5~10개의 프로젝트를 선보이고 있으며, 지금까지 70여 개의 다양한 프로젝트를 진행했습니다.

플루이드인터페이스그룹의 대표적인 프로젝트들을 살펴봅니다.

아이링(EyeRing)

아이링은 시각장애인을 위한 시력 보조기구입니다. 사용자의 손가락에 직접 끼워 사용하게 되며, 기구에 달린 미니카메라로 사물의 정보를 인지하고 블루투스로 연결된 스마트폰을 통해 사용자에게 음성으로 정보를 전달합니다.

아이링은 장애물까지의 거리를 알려주거나, 사물의 색상이나 지폐의 금액을 알려주고 물건의 가격표(태그)를 인식하여 가격을 알려주는 등 4가지 기능으로 작동됩니다. 각각의 기능은 기기에 달린 모드 전환버튼을 누르고 거리(Distance), 색깔(Color), 화폐(Currency), 태그(Tag) 등의 명령어를 말하는 것으로 작동됩니다.

현재는 사진으로 사물을 인식하지만, 향후 비디오인식기술을 높이고 각종 센서의 추가와 함께 내부 컴퓨터의 성능을 높임으로써, 시각장애인들과 어린이들을 위한 사물인식기구로 발전시킬 계획입니다.

핑거리더(FingerReader)

출처 www.media.mit.edu/research/groups/fluid-interfaces

핑거리더는 '아이링' 프로젝트에서 발전시킨 시각장애인을 위한 시력 보조 기구입니다. 책이나 신문 등의 인쇄된 글자에 손가락을 대면 글자를 인식하여 음성으로 읽어줍니다. 기기에 미니카메라와 진동장치가 달려 있어 글자 위에 손가락을 인식하고 손가락이 인쇄된 글자를 벗어나거나 문장의 끝부분을 가르키면 진동으로 이를 알려주게 됩니다. 인쇄된 글자를 실시간으로 알려주기 때문에, 시각장애인이 신문을 읽거나 음식점에서 메뉴판을 읽는 행동을 가능하게 하여 일상생활에 매우 많은 도움을 받을 수 있습니다.

태그미(TagME)

태그미는 일상의 활동 내용을 온라인에 자연스럽게 연결시키는 커뮤니케이션 기기입니다. 전자태그(RFID) 스티커와 이를 인식하는 발찌(밴드) 모양의 리더로 구성되어 있으며, 스티커에 팔찌를 가져다 대면 사용자가 설정한 메시지가 트위터, 페이스북 또는 인터넷에 자동으로 등록되는 방식입니다. 태그미는 사용법이 무척 쉬워서 일상에서 다양하게 활용할 수 있다고 합니다. 예를 들어 일정시간마다 약을 복용해야 하는 어르신에게 매번 전화로 확인하기는 어렵습니다. 태그미를 사용하여 어르신이 일정시간마다 약을 복용할 때, 떨어져 지내는 가족에게 문자로 알려주고 일정시간이 지나도 약을 복용하지 않았을 때에도 문자로 알려줄 수 있습니다. 애완동물을 집에 두고 장시간 외출 시, 집에 있는 애완동물이 먹이를 잘 챙겨먹는지 체크할 수도 있습니다.

오토이모티브(Auto Emotive)

현대 사회에서 스트레스는 업무효율을 떨어트리고 사회성을 약화시키며, 심한 경우 질병을 유발시키기도 하는 등 많은 문제를 유발하는데, 자동차 운전에도 예외는 아닙니다. 오토이모티브는 자동차 운전자의 스트레스(감정상태) 상태를 측정하여, 안전운전을 할 수 있도록 운전 환경을 자동으로 조정하는 기기입니다. 오토이모티브는 운전대에 장착된 카메라와 심박측정기를 통해 운전자의 스트레스를 파악하게 됩니다. 이를 통해 운전자의 스트레스 지수가 높을 경우, 계기판의 조명을 붉은색으로 표시하고 스트레스 지수가 낮을 경우 초록색으로 표시하여 운전자의 스트레스 상태를 직관적으로 표시합니다. 그리고 운전자가 흥분한 상태에서는 차분한 음악을, 우울한 상태에서는 신나는 음악을 재생하기도 하고 스트레스가 높아지면 운전자의 시야가 좁아진다는 연구결과에 기초하여 운전자의 시야 확보를 위해 헤드라이트를 자동으로 켜 기도 합니다. 또한, 스트레스가 적은(차가 막히지 않는 등) 최적의 경로를 내비게이션을 통해 안내하기도 합니다. 오토이모티브는 개인의 운전 환경 개선뿐 아니라, 수집된 데이터로 도시의 감정 상태를 체크하여, 건강하고 살기 좋은 도시를 만들기 위해 이 프로젝트를 발전시켜 나가고자 합니다.

디지털 기술을 통한 사회의 변화와 혁신은 앞서 소개한 '구글 X 랩'의 연구 프로젝트들처럼 인류 전체의 삶에 엄청난 변화를 가져오게 할 수 있습니다. 다른 한편으로는 플루이드인터페이스그룹의 프로젝트처럼 우리가 살고 있는 개개인의 삶을 좀 더 편리하게 바꾸는 것으로부터 시작할 수 도 있습니다. 우리 삶 곳곳에 변화를 안겨줄 플루이드인터페이스그룹의 수많은 프로젝트를 기대해 봅니다.

사이트

- MIT 플루이드인터페이스그룹, www.media.mit.edu/research/groups/fluid-interfaces

▼

시민 얼굴로 도시의 안전과 행복을 지키다

얼굴 인식 기술

"베를린 시민들의 표정이 데이터가 되어 도시의 감정을 나타내는 거대한 얼굴이 됩니다."

SF 영화나 첨단범죄수사 드라마에서 주인공이 수많은 감시카메라 영상에서 컴퓨터를 이용해 범인의 얼굴을 자동으로 찾아내는 장면을 종종 볼 수 있습니다. 이때 사용되는 디지털 기술이 '얼굴 인식 기술'입니다. '얼굴 인식 기술(또는 안면 인식 시스템)'은 사진이나 영상 등으로 촬영된 디지털 이미지를 통해 사람을 자동으로 식별하는 시스템을 말합니다.

사람 얼굴을 바둑판처럼 수많은 가상의 칸으로 나누고 눈과 눈 사이 거리, 콧등 길이, 입술 꼬리 각도 등 얼굴을 특징을 분석하면, 마치 지문처럼 각각의 사람을 인식할 수 있습니다. 이렇게 인식된 정보를 준비해놓은 얼굴데이터와 비교하여 사람을 식별하는 방법이 '얼굴 인식 기술'로 최신 아이폰에 적용된 '페이스ID'가 이 기술을 상용화한 가장 대표적인 예입니다.

도시의 안전을 책임지는 얼굴 인식 기술

이러한 얼굴 인식 기술이 큰 주목을 받는 분야 중 하나가 '도시 안전'입니다. 2014년 4월, 미국 보스턴 마라톤 대회에서 폭탄테러가 발생했습니다. 폭탄테러로 결승선 주위에서 경기를 지켜보던 관중들을 비롯하여 수많은 사람들이 부상을 입었고 현장은 아수라장이 되었습니다. 폭탄테러의 용의자들을 찾기 위해 미연방수사국(FBI)은 사고 현장 부근의 CCTV 영상을 입수하고 테러 용의자들을 찾아내는 데 '얼굴 인식 기술'을 사용했습니다.

2001년 미국에서는 수만 명의 관중이 모인 슈퍼볼 결승전 경기장에서, 경찰이 얼굴 인식 기술을 이용하여 관중 얼굴과 3,000여 명의 지명 수배자 데이터베이스를 대조하여 19명의 지명 수배자를 검거하는 성과를 거두기도 했습니다. 2014년 소치 올림픽에서는 안전한 올림픽을 위해 얼굴 인식률을 한층 높인 '3차원 얼굴 인식 시스템'을 공항에 배치했는데, 이 시스템은 기존의 얼굴 인식 시스템에서 발전하여 사람이 걷거나 모자나 안경을 쓰고 있는 상태에서도 사람을 식별할 수 있습니다.

한편, 중국에서는 2015년부터 범죄 용의자를 추적하기 위해 '톈왕(天網)'이라는 영상 감시 시스템을 구축했습니다. '하늘의 그물'이라는 의미의 '톈왕'은 인공지능, 빅데이터 기술로 한층 발전된 얼굴 인식 기술과 GPS가 탑재된 2천만 대의 CCTV를 활용해 14억 명에 달하는 중국인들의 얼굴을 90% 이상의 정확도로 구분할 수 있다고 합니다. 보행자의 성별, 나이, 신체적 특징 등의 정보를 거의 실시간으로 식별해 지명 수배자를 추적하고, 실종자를 찾는 데 활용되고 있습니다. 그러나 '롄왕'은 이러한 활약에도 불구하고 과도한 사생활을 침해한다는 비판을 받고 있으며, 개인의 일상생활의 모든 행동을 감시하고 통제하는 '빅 브라더'를 우려하는 목소리 또한 높아지고 있습니다.

시민의 편리함과 행복을 만드는 얼굴 인식 기술

'얼굴 인식 기술'이 도시안전을 위해 범죄수사나 전문분야에서만 사용되는 것으로 이해하기 쉽지만, 실제로는 이미 우리의 일상 속에 친숙하게 들어와 있습니다. 인물의 웃는 모습을 인식하여 자동으로 사진을 찍는 디지털 카메라나 등록된 사용자의 얼굴을 인식하여 잠금을 푸는 스마트폰의 기능 그리고 사진을 업로드하여 자신과 친구의 얼굴을 자동으로 인식하고 태깅할 수 있는 소셜미디어의 기능 등이 대표적인 사례일 것입니다.

출처 www.connectingcities.net/city-vision/visible-city-2015

얼굴 인식 기술은 사람을 찾거나 인지하기 위한 목적 외에도 도시의 생활문화를 개선하기 위한 캠페인에 사용되기도 합니다. 독일 베를린과 린다우 도시에서 진행된 'Public Face I, II(Stimmungsgasometer, the Fühlometer)' 라는 캠페인은 도시를 살아가는 시민들의 감정을 대형구조물을 통해 상징적으로 보여줌으로써, 밝은 시민의 도시를 희망하는 메시지를 담고 있습니다.

캠페인을 위해 먼저 표정을 자동으로 인식하는 프로그램과 카메라를 이용하여 거리의 시민들의 얼굴표정을 촬영합니다. 프로그램을 통해 촬영된 영상의 얼굴표정에서 평균적인 감정상태 데이터를 산출하여 거리 곳곳에 세워진 얼굴모양의 대형구조물에 전송합니다. 그러면 얼굴모양의 얼굴 구조물은 전달받은 감정데이터에 따라 웃거나, 우울해하거나, 무표정의 감정을 실시간으로 표시합니다.

앞서 소개한 사례들처럼 첨단기술의 '얼굴 인식 기술'은 사용되지 않았지만, 시민의 얼굴표정을 인식하여 도시의 표정을 상징적으로 표현하는 효과적인 캠페인으로 얼굴 인식 기술이 사용되었습니다. 이처럼 얼굴 인식 기술은 우리의 생활 속에서 다양한 모습으로 활용되고 있지만, 촬영 상태에 따른 오차율문제와 시민들의 초상권 문제 등 아직 해결해야 할 이슈가 많이 있습니다. 하지만 이러한 이슈에도 불구하고 얼굴 인식 기술은 도시의 치안은 물론이고 금융, 유통, 여행, 숙박 등 모든 산업에 걸쳐 그 역할이 점점 더 커지고 있습니다.

사이트

- 코리아타임즈, 보스턴 용의자 2명 동영상-사진공개,
  www.koreatimes.com/article/789689
- Design Boom, 3D facial recognition airport security at sochi 2014 olympics,
  goo.gl/he1vBH
- Public Face (Feelometer) 영상, vimeo.com/14720043
- Public Face 아티스트, Public Face I, II,
  juliusvonbismarck.com/bank/index.php?/projects/public-face-ii/

에너지를 만드는 축구 경기장

페이브젠 타일

"시장을 뒤흔드는 파괴적인 기술이 사람들의 에너지에 대한 태도를 바꾸고 화석 연료에 대한 의존도를 줄이는 최선의 방법이라고 확신합니다."

길 위를 걷기만 해도 전기가 만들어진다면? 학생들의 뛰어다니는 것만으로 학교에서 전기가 만들어진다면? 혹은 90분 동안 경기장을 뛰어다니는 축구선수들로 인해 친환경 에너지가 계속 만들어진다면 어떠할까요? 이 같은 이야기들은 SF 영화나 먼 미래의 이야기로 들리겠지만, 실제로 세계 곳곳에 이러한 디지털 장치가 설치되어 전기를 만들어내고 있습니다.

출처 www.pavegen.com

영국의 페이브젠 시스템(Pavegen System)이 개발한 페이브젠(Pavegen)이라는 이 장치는 사람의 움직임을 통해 에너지를 만드는 장치입니다. 산업디자인 엔지니어였던 로런스 켐볼 쿡(Laurence Kemball-Cook)이 대학 시절 친환경 프로젝트의 일환으로 연구하면서 개발한 장치로서, 길이 60cm, 두께 7cm의 버튼식 패드 형태입니다. 이 장치를 길 위에 설치를 하면 사람이 이를 밟을 때마다 전기가 생산되는데, 사람이 한 번 밟을 때마다 4와트의 전기, 즉 30초 정도의 조명을 밝힐 수 있는 전기가 생산된다고 합니다.

페이브젠은 에너지를 생산하는 다른 장치들과는 달리 사람이 패달을 밟는 것 이외에는 장치를 구동하기 위한 에너지가 필요하지 않다는 것이 가장 큰 장점입니다. 페이브젠이 친환경 에너지 생산 방법으로 주목을 받는 이유이기도 합니다. 또한 실내 혹은 실외 등 장소의 제한 없이 사람들이 다니는 곳이라면 어디나 설치할 수 있다는 장점이 있습니다. 사람이 많이 다니는 도심이나 관광명소, 쇼핑센터, 지하철 역사 등에 설치한다면 가장 효과적일 것 같습니다.

이미 페이브젠은 지하철 역사와 학교, 쇼핑센터, 축구장, 마라톤 대회 부스, 2012년 런던올림픽 경기장 주변 등 세계 여러 나라 장소에 설치하여 전기를 생산하는 캠페인을 기업들과 함께 진행하고 있습니다. 그 몇 가지 사례를 살펴봅니다.

빈민가에 불을 밝히는 축구 경기장

축구의 나라 브라질 리우데자이네이루의 한 빈민가에는 전기에너지를 만들어내는 특별한 축구장이 있습니다. 지난 2014년 10월에 개장한 이 축구장의 인조잔디 아래에는 200장의 페이브젠이 타일 형태로 설치되어 있어서 축구선수들이 경기를 하며 페이브젠을 밟게 되면 전기가 만들어져 저장됩니다. 경기장 주변에는 태양전지 패널도 함께 설치하여 낮 동안 전기를 만들어 함께 저장합니다.

출처 www.pavegen.com

이렇게 모아진 전기는 밤이 되면, 경기장을 밝힐 뿐 아니라 주변 빈민가에도 전기를 공급하여 어둠을 밝히는 데 사용됩니다. 최대 10시간까지 전기

공급이 가능하기 때문에 빈민가에 어두운 밤을 밝힐 수 있고 아이들이 밤에도 축구를 즐길 수 있게 되었습니다. 다국적 기업인 로열 더치 쉘과 페이브젠이 협력하여 진행된 이 프로젝트는 페이브젠이 시도한 가장 큰 규모의 프로젝트이기도 합니다.

걷지 말고 뛰세요, 에너지를 만드는 학교

영국의 12개 학교와 미국 학교에 페이브젠이 설치되어, 학생들에 의해 전기가 생산되고 있습니다. 학교의 복도에 설치된 페이브젠을 학생들이 밟을 때마다 LED조명이 켜지고 모니터를 통해 생산되는 에너지의 양을 표시합니다. 한쪽에는 이렇게 충전된 전기를 이용하여 스마트폰을 충전할 수 있도록 하고 있습니다. 학생들의 교육적인 측면을 강조한 프로젝트입니다.

학교에 설치된 페이브젠으로 1년간 853개의 휴대폰을 충전할 수 있고 LED 전구를 2개월간 밝힐 수 있으며, 전기차를 7마일(약 11km) 움직일 수 있는 전기를 만들어낼 수 있다고 합니다. 아이들의 걷고 뛰는 것만으로 말입니다.

친환경 대체 에너지 장치로의 멋진 상상

화석연료의 고갈로 세계의 에너지 위기가 현실화되면서 선진국들은 태양력과, 풍력, 지력 등의 차세대 친환경 대체 에너지 개발에 많은 노력을 하고 있습니다. 그러나 에너지 효율성 측면에서 이들이 생산하는 에너지의 양은 현재의 에너지 수요를 모두 채우기에는 부족합니다. 때문에 다양한 형태의 에너지 생산 방법이 지속적으로 연구되고 있는 상황인데요, 페이브젠과 같은 친환경 에너지 장치가 대체 에너지 개발에 많은 가능성을 보여주고 있습니다. 머지않은 미래에 전 세계 시민들이 걷는 것 만으로 시민들이 필요한 친환경 에너지가 모두 만들어지는 멋진 상상을 해봅니다.

사이트

- 페이브젠 프로젝트, www.pavegen.com
- 한국전력공사, 걷기만 해도 에너지가 만들어진다, blog.kepco.co.kr/93

시민과 함께 도시의 무단횡단을 줄입니다
춤추는 교통신호등

"우리의 도시를 어떻게 안전한 장소로 만들 수 있을까요? 춤추는 신호등은 우리의 도시를 더 안전하고 즐거운 공간으로 만들었습니다."

포르투갈의 리스본 광장에는 기존의 횡단보도 신호등과 다른, 특별한 신호등이 설치되어 있습니다. 이 신호등은 일반적인 신호등과 다를 바 없어 보이지만, 보행자를 기다리게 하는 빨간 불이 켜지면, 신호등 속 사람 모습의 픽토그램이 즐겁게 춤을 춥니다. 보행자는 신호등의 춤추는 모습을 보면서 지루함을 잊고 녹색 신호를 즐겁게 기다릴 수 있습니다.

출처 int.smart.com

매년 도로에서의 발생하는 보행자 교통사고의 주된 원인은 운전자의 운전 과실이지만, 그 외에도 보행자의 교통신호 위반으로 인한 교통사고도 높은 비중을 차지하고 있습니다. 디지털 기술이 발전하면서 자동차에는 후방카메라, 자동감속장치와 같이 보행자를 보호하는 기술들이 적용되고 있지만, 보행자가 교통신호를 지키지 않는다면 교통사고는 계속 발생하게 됩니다.

시민이 함께 참여하는 '안전한 도시 캠페인'

일명 '춤추는 신호등(Dancing Traffic Light)'으로 불리는 이 신호등은 독일의 자동차 회사인 '스마트(SMART)'가 진행한 '안전한 도시 캠페인(FOR a safer city)'으로, 보행자의 무단횡단을 줄이기 위해 제작되었습니다. '스마트'는 보행자가 무단횡단을 하는 이유가 신호를 기다리기 지루해하기 때문이며, 녹색 불을 즐겁게 기다리게 할 수만 있다면, 보행자들의 무단횡단이 줄어들 것이라 생각하여 '춤추는 신호등'을 기획하였습니다.

'춤추는 신호등' 옆에는 카메라가 달린 부스가 함께 설치되어 있습니다. 시민들이 이 부스 안에 들어가 춤을 추면, 컴퓨터가 춤 동작을 인식하여 신호

등의 픽토그램이 춤 동작을 따라 하도록 만들었습니다. 시민들이 캠페인에 직접 참여하여 춤을 추고 그 모습을 함께 즐기면서 캠페인에 참여할 수 있도록 한 것입니다.

출처 int.smart.com

무척 재미있게 보이는 '춤추는 신호등' 캠페인은 대성공을 거두었습니다. 캠페인 기간 동안 횡단보도에서 신호를 지키는 사람이 평소보다 81% 이상 증가하여 무단횡단이 큰 폭으로 줄었기 때문입니다. 이는 직접적으로 '교통신호를 지키세요!'라며 현수막과 표지판을 걸어 진행하는 전통적인 방식의 캠페인과는 비교가 되지 않는 되지 않는 놀라운 결과였습니다. 특히, 디지털 기술을 이용한 참신한 아이디어로, 사람들에게 즐거움을 주면서 동시에 교통신호를 지키도록 행동하게 만든 매우 놀라운 캠페인 사례로 평가받고 있습니다.

사이트

- 춤추는 신호등 프로젝트, goo.gl/wHTCuA
- Tech Times, Dancing crosswalk light makes waiting interesting for pedestrians (tech times), goo.gl/cfK5bp

시민의 생활을 바꾸는 빅데이터

서울시 올빼미버스

"빅데이터는 어떻게 활용하느냐에 따라 시민의 생활을 바꿀 수 있습니다."

정부와 지자체에서는 시민을 위해 주민센터나 경찰서와 같은 공공시설물을 추가로 세우고 도로나 지하철역, 버스 노선 등의 대중교통의 노선을 새롭게 신설하는 역할을 합니다. 그러나 이러한 공공시설물이 해당지역의 유동인구나 실수요에 대한 제대로 된 분석과 검토 없이 진행되다 보니, 엄청난 예산이 사용되었음에도 불구하고 거의 사용되지 않는 사례를 종종 접하게 됩니다. 그렇다면 공공사업에 있어 사용자와 실수요를 제대로 분석하는 의미와 방법은 무엇일까요? 서울시의 심야버스 사업인 '올빼미버스'가 그의 답을 말해주고 있습니다.

심야시간 시민들의 편안한 이동을 돕는 '올빼미버스'

서울시의 심야버스 사업, 일명 '올빼미버스'▲는 자정부터 오전 5시까지 서울의 홍대와 종로, 강남 지역을 중심으로 운영되는 심야버스로, 서울시가 대중교통의 운행이 종료되는 심야시간에 시민들의 편안한 이동을 위해 진행하는 공공사업입니다. 올빼미버스는 지난 2012년 연말에 시내버스의 막차시간을 2시간 연장 운행하여 시민들로부터 긍정적인 반응을 얻으면서 시작되었습니다. 시민의 의견을 바탕으로 2013년에 4월에 2개의 심야버스 노선을 신설하여 3개월간 시범운행을 하였고 이후 9개로 노선을 확장하여 운행하고 있습니다.

출처 traffic.seoul.go.kr/archives/13102

심야시간대의 유동인구와 버스 이용량에 대한 정보가 없던 서울시는 올빼미버스의 노선 신설을 위해 서울시민들의 생활데이터를 기반으로 한 빅데이터 정보를 활용했습니다. 서울시는 시민들의 심야시간대 통화량 데이터 (KT) 30억 건과 심야택시의 승-하차 데이터 500만 건 등의 서울시민의 빅데이터를 이용하여 심야시간대 서울시민의 이동경로를 분석했습니다. 분석 자료를 기초로 심야버스의 노선과 실수요를 예측하고 기존 노선과의 차이를

▲ '올빼미버스'라는 이름은 '깜깜한 밤 큰 눈을 깜빡이며 주위를 둘러보는 올빼미처럼 시민들의 늦은 귀가를 돕는 세심한 버스라는 의미'로 시민공모를 통해 선정되었습니다.

검증하는 작업을 거쳐 올빼미버스의 노선과 배차시간 등을 선정하였습니다.

빅데이터를 활용하여 시민들의 실수요를 정확히 파악한 올빼미버스는 효과 또한 높았습니다. 시행 두 달 만에 하루 평균 이용객이 6,000명을 넘어섰고 심야버스 1대당 평균 이용객이 주간 시내버스 1대당 평균 이용객보다 높아졌습니다. 또한, 올빼미버스 시행으로 택시의 승차거부가 9% 감소하였고 밤에 이동하는 여성도 11%가 증가하였다고 합니다. 시민들의 높은 호응으로 '올빼미버스'는 2013년에 서울시민이 뽑은 '서울시 10대 뉴스'에서 12.8%의 지지율로 1위를 차지하기도 하였습니다. '올빼미버스'는 기존의 주먹구구식의 사업진행이 아니라, 빅데이터 정보를 활용하여 시민의 실수요에 맞춘 사업을 진행한 대표적인 시정 사례로 꼽히고 있습니다.

시민의 생활을 바꾸는 빅데이터, 공공기관의 빅데이터 활용 확대

서울시는 '올빼미버스'에 이어, 서울택시의 서비스 품질 개선에 빅데이터 분석을 활용하고 있습니다. 서울시에 접수된 시민들의 불만 중 25.5%가 교통문제에 관한 것이고 이 불만 중 73.5%가 택시의 불친절이나 승차거부 등의 택시 불만이라고 합니다. 특히 택시의 업무시간 중 40%를 차지하는 공차율(승객 없이 운행하는 시간의 비율) 문제 또한 심각하다고 합니다. 서울시는 시민들이 택시를 쉽게 탈 수 있고 택시의 공차율을 줄이는 것을 목표로 모든 택시에 탑재되어 있는 운행기록계를 통해 연간 1300억 건의 데이터를 분석하고 있습니다.

'올빼미버스'의 성공사례를 통해 공공 부문의 빅데이터에 대한 관심이 높아지면서 활용도 또한 높아지고 있습니다. 시민과 관련된 주거, 생활, 복지 교통 등의 정보가 담긴 빅데이터를 잘 활용하면 시민의 생활을 효과적으로 바꿀 수 있다는 것을 확인했기 때문입니다. 공공 부분에서의 빅데이터 적용분야도 교통은 물론 상권분석과 주거, 생활, 복지, 재난, 범죄예방 등으로 다양해지고 있습니다.

사이트

- 서울시, 심야전용 '올빼미버스' 9개 노선 출발(서울시 교통),
  traffic.seoul.go.kr/archives/13102
- 뉴스젤리, 서울시 심야교통을 책임지는 '올빼미'버스에 대한 3가지 사실,
  newsjel.ly/issue/seoul_nbus
- 이데일리, '올빼미 버스'와 빅데이터, goo.gl/qLuzEC

아이들의 안전을 위한 스마트팔찌

리니어블

"IT로 소중한 모든 것을 지킵니다. 모든 사람들이 소중한
가족을 안전하게 지킬 수 있는 스마트밴드입니다."

사물기기에 통신 및 인터넷이 연결된 사물인터넷(Internet of Things, IoT) 기술로 스마트밴드와 스마트시계로 대표되는 웨어러블 기기가 일상 속에 자리를 잡고 있습니다. 기업들이 경쟁하듯이 웨어러블 기기를 출시하고 있지만 대부분 일정과 이동 거리의 알림, 심박수 측정 등의 생활과 헬스케어 분야에 집중되어 있습니다. 그런데 여기 안전을 생각하는 조금 특별한 스마트밴드가 있습니다.

국내 스타트업 '리니어블'이 개발한 동명의 웨어러블 기기인 '리니어블(Lineable)'은 아이들의 안전을 위해 미아 방지를 목적으로 만들어진 스마트

밴드입니다. 밴드와 스마트폰 앱으로 함께 작동되며, 밴드를 착용한 아이가 일정 거리 이상 멀어지면 보호자의 스마트폰 앱을 통해 알려주는 방식입니다.

리니어블에 의하면 세계적으로 매년 80만 명의 미아가 발생하고 하루 평균 2,200명의 미아가 발생합니다. 국내에서도 2017년 한 해 동안 2만 명, 하루 평균 55명의 아이가 부모의 눈앞에서 사라지고 있다고 합니다. 아이들이 부모의 시선에서 벗어나 미아가 되는 시간은 대략 3~5초, 말 그대로 눈 깜빡할 사이에 아이를 잃어버리게 되는 것입니다. 리니어블은 보호자의 순간의 방심으로 발생하는 미아를 방지하기 위한 웨어러블 기기입니다.

출처 lineable.net

커피 한 잔 가격으로 우리 아이들을 지킬 수 있는 스마트밴드

2015년에 출시된 첫 번째 리니어블 밴드는 GPS 기술보다 상대적으로 위치 측정의 정확도가 높다고 평가받는 비콘(beacon) 기술을 사용하여 정확한 위치 측정이 가능합니다. 14g의 가벼운 무게, 완전 방수와 방진으로 흙탕물이 튀어도 안전하게 제작되었으며, 저전력으로 작동하므로 1년 동안 배터리 충전 없이 사용이 가능하도록 설계되었습니다. 무엇보다 놀라운 것은 가격으로, 많은 사람이 리니어블을 부담 없이 사용할 수 있도록 5달러의 매우 저렴한 가격으로 판매되었습니다.

이러한 장점으로 리니어블 밴드는 2014년 해외 크라우드펀딩 플랫폼인 인디고고에서 4만 달러 펀딩에 성공했고, 국내 크라우드펀딩 플랫폼 와디즈에서는 2만 달러 펀딩에 성공하며 국내외 주요 매체를 통해 널리 알려졌습니다. 덕분에 리니어블 밴드는 세계 83개국에서 사용되고 있고, 2017년에는 국제 아동 구호 기구인 유니세프의 혁신 아이디어 공모전 '웨어러블 포굿 챌린지(Wearables for GOOD Challenge)'에 선정되기도 했습니다.

저렴한 가격과 내구성도 리니어블 밴드의 큰 장점이지만, 리니어블 밴드의 핵심은 '크라우드소싱 GPS(Crowdsourcing GPS)' 기능입니다. 아이와 멀리 떨어져 위치를 제대로 파악할 수 없을 때, 리니어블 앱을 설치한 주변 사람들에게 내 아이의 위치를 전송하는 기능을 통해, 리니어블 밴드 사용자가 아니더라도 앱을 설치한 사람은 공동의 보호자가 되어 아이를 지킬 수 있게 됩니다. 리니어블 앱을 설치한 사람이 많을수록 이 네트워크는 촘촘해지고 가족은 보다 안전하게 되어, 미아 발생이 많은 놀이동산이나 공공장소에서 매우 강력한 힘을 발휘하게 됩니다.

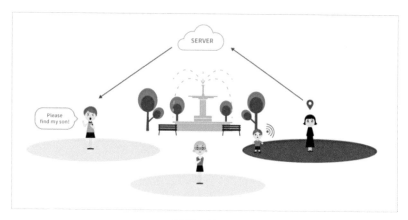

출처 lineable.net

소중한 것을 잃어버려 가슴 아파하는 이들이 없기를 바랍니다.

이후, 리니어블은 미아 방지 기술의 대상을 치매 환자와 자폐 아동 보호, 여성의 안전으로 확장하였습니다. 기업 및 경찰청과의 협업으로 치매 노인을 위한 배회 감지기인 '리니어블 실버'를 제작해 무상으로 제공함으로써, 30여 명의 치매 노인의 실종 예방에 기여하였습니다.

어린이와 노인, 여성의 안전을 위한 스마트워치도 추가로 출시하였습니다. 기존 리니어블 밴드처럼 이용자의 위치를 실시간으로 알려주고, 보호구역을 벗어나면 보호자에게 알림을 보내는 기능은 물론, 위급한 상황에서 버튼을 누르면 보호자에게 SOS를 요청할 수도 있습니다. 수면 패턴 등 이용자의 건강을 기록하는 센서도 추가되었습니다.

'리니어블 레이디'는 성범죄가 빈번하게 일어나는 인도에서 여성을 보호하기 위해 인도의 통신사와 협력을 진행하면서 탄생하게 되었습니다. 이 스마트위치에는 성능 개선을 위해 '로라(LoRa)'▲라는 통신망 기술이 사용되었습니다. 이 기술은 위치 측정 거리와 정확도를 높일 뿐 아니라 통신 비용도 매우 저렴한데, 비용 부담을 최소화하려는 '리니어블'의 고민이 함께 담겨 있다고 할 수 있습니다. 2018년에는 이 '로라' 기술이 적용된 새로운 미아 방지 스마트밴드인 '리니어블 원'이 개발되어 국내 펀딩에 성공하였고, 2019년 상반기에 출시될 예정입니다.

사이트

- 리니어블, lineable.net
- Indiegogo, Lineable $5 Smart Wristband for children, goo.gl/r8E2i5
- UNICEF Wearables for Good Challenge, wearablesforgood.com/lineable
- 리니어블, '미아 없는 세상' 도전은 계속된다, biowatch.co.kr/1582

▲ 저전력 광역통신망 LPWAN 기술의 하나로 4km(최대 1416km)의 통신 거리, 기존 3G/LTE 등의 통신망에 비해 1/10 수준으로 저렴한 통신 비용(월 350원가량)이 장점입니다.

에필로그

3D 프린터, 가상현실, 핀테크, 사물인터넷…
더 나은 세상을 만들 수 있는 디지털 기술

빠르게 변해가는 디지털 환경에서 새로운 기술이 나올 때마다 산업과 경제를 뒤흔들고 우리의 생활모습을 크게 변화시키고 있습니다. 디지털 기술을 통해 우리가 그동안 해결하지 못한 사회문제와 기회불균형의 문제를 해결하여 더 나은 세상을 만들 수 있는 기회를 갖게 되었습니다.

아쉽게도, 이 책에서 소개한 더 나은 세상을 위한 '소프트 디지털'은 대부분 해외사례입니다. 국내에서도 공공과 공익을 위한 다양한 디지털이 시도되고 있습니다만, 대중을 참여시키고 이슈를 이끌어나가기 위한 확산과 시도가 턱없이 부족합니다. 그런 이유로 국내의 많은 시도들이 좋은 결과로 이어지지 못하고 '시도' 자체에 그치는 경우가 많습니다. 또한, 대중의 참여와 자원의 한계로, 그 시도의 방식도 매우 제한적인 것에 머물고 있습니다. 그러나 사회를 변화시켜 사회문제를 해결하려 한다면, 단지 '좋은 시도'에만 머물러서는 안 되며, 많은 사람의 참여와 공유가 일어날 수 있도록 사회적인 지원과 문화가 형성되어야 합니다.

생각하는 대로 행동하지 않으면,
행동하는 대로 생각하게 된다.

우리의 일상적인 행동에 있어 의도를 가지고 생각하는 것이 얼마나 중요한지를 잘 말해주는 프랑스의 시인이자 철학자인 폴 발레리의 이야기입니다.

우리가 경제발전과 소비를 위해서 주어진 대로만 디지털을 활용한다면, 디지털은 소비와 경제발전을 위한 차가운 모습으로만 남게 될 것입니다. 그러나 책에서의 사례처럼 우리가 사람과 사회를 위해 디지털을 고민하고 문화를 만들어나간다면, 디지털은 더 가치 있는 모습으로 더 나은 세상의 우리 인류 발전에 기여하게 될 것입니다.

자, 여러분의 선택은 무엇인가요?

디지털은 하루가 다르게 변화하고 있기에 소프트 디지털의 모습을 책으로만 남기는 것은 부족함이 있습니다. 이를 위해 페이스북 페이지(facebook.com/softdigitals)를 개설하여 소프트 디지털의 최신의 모습들을 지속적으로 공유해나가고자 합니다.

독자 여러분의 많은 관심과 참여 부탁드립니다.